教师专业发展与高职公共英语教学模式实践与研究

曹娟　著

江西科学技术出版社

图书在版编目（CIP）数据

教师专业发展与高职公共英语教学模式实践与研究 / 曹娟著. -- 南昌 ：江西科学技术出版社, 2020.1（2021.1重印）

ISBN 978-7-5390-7209-8

Ⅰ. ①教… Ⅱ. ①曹… Ⅲ. ①高等职业教育一师资培养一研究一中国②英语一教学模式一教学研究一高等职业教育 Ⅳ. ①G718.5②H319.3

中国版本图书馆 CIP 数据核字(2020)第 023099 号

国际互联网（Internet）地址：
http://www.jxkjcbs.com
选题序号：ZK2019406
图书代码：B20013-102

教师专业发展与高职公共英语教学模式实践与研究　曹娟 著

出版发行	江西科学技术出版社
社址	南昌市蓼洲街 2 号附 1 号 邮编：330009　电话：(0791) 86624275　86610326(传真)
印刷	三河市元兴印务有限公司
经销	各地新华书店
开本	710mm×1000mm　1/16
字数	209 千字
印张	13.25
版次	2020 年 1 月第 1 版　第 1 次印刷 2021 年 1 月第 1 版　第 2 次印刷
书号	ISBN 978-7-5390-7209-8
定价	40.00 元

赣版权登字-03-2020-44

前　言

英语教师的业务水平提高，一向是以培训为主要形式。而培训的内容，主要是两个方面：一是学科知识或能力方面，二是对某一新教学法进行培训。老师参加培训时，常常觉得道理好像都对，但是培训后回到实践中时，又往往感觉无所适从。这是什么原因呢？这是因为许多培训把教师当作课堂教学的工人，产生什么新工艺，手把手教给他，他照着操作就行，等更新的工艺出来后，再教给他新的操作法。然而教师不是教书匠。从事教学工作的人员，除具备某个学科扎实的基本功外，还需要具有教育学、心理学等领域的基本理论知识，具备将这些理论运用到自己的实践中去的能力，具备策划教学方案、实施教学方案、调整教学策略的能力。更重要的是，教师还应该具备在本领域可持续发展的潜能。由此可见，教师是一种专门人才。近年来，人们强调教师的专业化特点，要求教师在全面提高自身素质的同时实现整个教师职业的专业化。在本书中，作者结合自身高职公共英语教学实际，积极进行教学模式的创新，力求改革传统教育模式，提高教学质量，强化学生就业能力，凸显高职特色，培养高素质技术应用型人才。并在实践中撰写反思性日志，总结经验与不足，从而促进了自己专业实践能力的提升。

本书语言简洁明了，道理清楚易懂，读起来十分亲切。全书始终围绕高职英语教师如何利用好自身这个最直接的思考与实践的资源，用于呈现各种材料，并在实践中积极进行高职英语教学模式的探索与创新，使用立体化、互动教学、“基础+专业”等高职公共英语教学模式，清晰地将知识点呈现在读者面前。教师最终能通过积极探索改善教学实践，促进自己的专业提升与发展。从这个意义上说，本书可以为其他高职院校公共英语教师教学实践与专业发展提供借鉴和参考。

本书在写作过程中，通过学习借鉴一些同行专家、学者的有关著作、论文，扩展了笔者的视野，提高了笔者的专业认识与水平，并吸取了他们的一些研究成果，在此谨致诚挚的谢意。限于作者水平，书中难免有许多不妥之处，恳请同行专家、学者和广大读者惠予批评指正。

目　录

第一章　教师专业发展与高职公共英语教学模式

第一节　为什么要关注外语教师专业化发展

一、为什么要关注教师专业发展

（一）职业的需要

从事任何一种职业都要接受专门的训练（广义的训练），并在从业过程中不断发展职业素养。外语教师也是一种职业，外语教师也需要接受专门的训练，也需要持续地发展职业素养。随着社会的发展和进步，各种劳动和技能的专业化程度越来越高，社会内部的分工以及个人被相应地限制在特殊的职业范围内，教师工作也就更具有专业化特征了。教师职业具有自己独特的职业要求和职业条件，有专门的培养制度和管理制度。教师从事的工作不仅具有其他专业的共性，而且还有其独特性，他的成败直接影响的是人的发展，其责任重大，社会关注程度高。近年来，随着各高校的扩招，英语教师的需求也在不断增大。很多非师范类的毕业生喜欢从事教师这个职业，希望到高校任教。这部分教师需要经过严格的岗前培训，合格后才能取得教师资格。对他们来说，怎样组织教学，灵活把握教学的各个环节，如何通过对课堂教学的评估及时调整自己的教学方法和策略，都是他们在教学中需要不断学习和熟悉的。

（二）外语教育发展的需要

中国是外语教育大国，需要一大批合格的外语教师。总体上讲，高校外语教师的培养问题和专业发展问题没有得到应有的重视。目前高等学校的外语教师大多数都接受过高等教育（拥有硕士、博士学位），但接受过高等教育（包括高等师范教育）的人并不能自动成为合格的外语教师。一般的高等教育并不能满足教师所需要的知识。由于教师职业的特殊性，教师应具备的知识具有特殊性。教师不仅需要具备某方面的专业知识和技能（学科知识），而且还要懂得如何让学生有效地学习知识和发展技能。这就是通常所说的学科教学知识（Pedagogic content knowledge，简称 PCK）。除此以外，教师还需要其他方面的知识。吴一安（2008）认为，“外语教师知识”包含两个重要维度：一是外语学科知识和外语教学知识的融通，即“外语学科教学知识”（教学观和学科教学能力）；二是“解放性”知识，其特点是精神的，涉及教师的观念、态度、自省和发展意识、德性、境界、追求等，这类知识是教师发展所必需，也是人的发展所必需，是优秀外语教师专业素质和教师专业发展的重要基础。

（三）教师专业化运动的需要

20 世纪 80 年代发端于美国的教师专业化运动，起初是教师行业寻求提高其社会地位的举动，后来演变成自身寻求加强从业者素质、提高自主性、促进专业发展的国际运动，并提出一系列课题：教师应具有哪些专业素质？教师如何获得这些素质？如何使教师自主成长、不断发展其职业专长？（刘学惠，2005）。教师是教育改革的实践者，是教育改革成败的关键。外语教师的专业素质发展自然是改革的关键问题之一。国际上教师专业化走向、教师教育研究的蓬勃开展及其理论的不断深化是本研究的学术背景。外语教师教育专业化已经成为不可扭转的发展趋势，专业的外语教师与工程师、医生、律师等专业人士一样，将赢得应有的学术地位和社会尊重。那到底什么是外语教师专业发展呢？研究者对教师专业发展的理解不完全相同，使用的术语也不尽相同，比如，教师培训（teacher training）、教师发展（teacher development）、在职教育（in-service education）、专业发展（professional development）。

专业成长（professional growth）和职业发展（career development）。尽管对“教师专业发展”所使用的词汇和理解的角度不尽相同，但是教师专业发展的概念基本上是围绕两条主线来定义的：一是从教师个人心理的角度来解释教师的专业成长过程；二是从教师受教育的角度来解释促进教师的专业成长过程。Perry（1980）认为，教师专业发展意味着教师个人在专业生活中的成长，包括信心的增强，技能的提高，对所教学科知识的不断更新、拓宽和深化以及对自己在课堂上为什么这样做的原因意识的强化。在一定的阶段，教师专业发展意味着教师超出技能的范围而有艺术化的表现；教师成为一个把工作提升为专业的人，把专业知识转化为权威的人（贾爱武，2005）。通俗地讲，教师专业发展就是指教师从“教书匠”提升为教学方面的“专业人士”。

（四）教育改革的需要

我国外语教育领域正在进行着全面而深入的改革。改革的内容涉及方针政策、基本理念、基本原则、教育实施等各个方面。我国的英语教育是一种应试教育。学生花了大量的时间和精力学习外语，但却无法进行有效的听、说、读、写。改革的目的就是要突破制约学生英语能力的这个瓶颈。而外语教育改革和教学质量提高的关键在于教师。外语教师自身的语言素质、教学观念、教学理论水平、教学技能技巧、教师的自主发展能力都是制约教学进步的因素。因此，外语教师的专业化发展显得尤为迫切。

（五）知识更新的需求

随着科技的发展和社会的进步，人类知识总量迅猛增长。多媒体教学、计算机辅助教学等手段越来越多地被应用到英语教学中。如何把传统教学和多媒体教学有机地结合起来，对于英语教师的专业化来说无疑是一个巨大的挑战。面对知识爆炸的现状，作为教师就更应不断更新和丰富自己的知识积累，研究自己从事的专业所需，很明显，教师不学习不仅要落后，而且到了一定程度就要被行业、被社会淘汰。

二、外语教师专业发展的内涵

（一）教师学习（teacher learning）

在传统的教师学习观中，教师学习是指个人学习，即学习教学法，将理论应用到实践中，以提高教学效果；而现代教师学习观认为，教师学习是在一定的社会文化环境（情境）中的认知发展过程；在参与互动中学习；建构新知识和新理论（theorization of practice）。

（二）教师身份建构（teacher identity）

教师身份建构是指教师对自己的社会、文化身份的认识（what does it mean to be language teacher），包括：在与学生、同事的交往和互动中建构身份和外语教师基本素养的培养。作为专业人士，外语教师究竟应该具备什么样的专业素养？吴一安（2005）研究了优秀外语教师行为特点和决策背后的精神世界，并归纳了优秀外语教师的专业素质的四个维度。优秀外语教师的专业素养：外语学科教学能力、外语教师职业观与职业道德、外语教学观以及外语教师学习与发展观。外语学科教学能力包括：①具备熟练的英语口语运用能力、扎实的英语语言及其运用知识、宽广的知识面；②善于营造能够激发学习兴趣和气氛和睦的课堂学习环境；③善于抓住时机因势利导和鼓励学生；④善于挖掘教学内容的人文内涵；⑤善于以准确、流利为目标组织语言的基本功训练；⑥善于在课堂上抓住契机为学生创造学习机会；⑦善于培养学生的学习能力和在学习方法上引导学生；⑧善于抓住机会增进学生对英语语言及其运用体系的了解；⑨明确自己的教学在整体课程中的位置（吴一安，2005）。

三、外语教师专业发展的途径

教师专业发展的途径一直是教师教育研究的重点。就外语教师的专业发展途径而言，不同学者提出了各种建议。Wallace（1991）提出了 3 个模式来概括外语教师的发展途径：

1. 学手艺模式（craft model），教师就像学徒一样观察和模仿有经验的教师（师傅）积累自己的经验，逐渐提高教学水平。

2. 应用科学模式（applied science model），教师学习外语教学理论，用理论指导、改进自己的教学。

3. 反思模式（reflective model），教师在教学实践中观察他人教学的同时反思自己的教学，并结合理论指导，提高自己的教学水平。

我国传统的外语教师培养模式是“相关学科知识+教学法”（英语+英语教学法）。实践证明，这种模式难以培养出合格的教师。新的培养范式要在正确教育观和教学理念引导下，注重外语学科教学能力的培养，并在培养过程中引入促进教师学习（发展）的机制。随着对教学本质认识的深化，20 世纪 90 年代以来，外语教师培养开始从侧重技术行为的“教师培训”模式转向侧重认识能力的“教师发展”模式。Richards & Farrell（2005）全面研究了职前专业训练结束之后教师自主发展的途径，并归纳了语言教师教育和发展的 11 种途径：

1. 教师工作坊（workshop）：短期的集中学习活动（研讨式）。

2. 自我监督（self-monitoring）：对自身行为进行观察、评估和管理。

3. 教师支持小组（teacher support groups）：指教师组成小组，经常碰头并讨论各自的目标、关注的问题、遇到的困难和成败的经验。

4. 撰写教学日志（teaching journal）：教师以书面形式记录课堂观察、反思及教学行为。

5. 同伴观察（peer observation）：教师相互听课并进行反思。

6. 教学档案（teaching portfolios）：将教学材料归档。

7. 关键事件分析（analyzing critical incidents）：分析教学过程中发生的意想不到或突如其来的事件。

8. 案例研究（case analysis）：利用收集到的信息对教学情况进行深入的分析。

9. 同伴辅导（peer coaching）：由一个教师帮助另一个教师或相互帮助。

10. 团队教学（team teaching）：两个或更多的教师共同承担教学并讨论有关问题。

11. 行动研究（action research）：以解决教学中遇到的问题为目的的研究活动。

四、面临的问题与挑战

1. 尚未建立系统支持教师专业发展的体系。如果说职前教师教育主要由师范院校承担的话，那么职后教师教育与发展体系则需要政府部门、学校和教师教育机构共同建构。目前我国还没有建立这样的体系。

2. 教师自身的专业发展意识不强。

（1）不少学者指出，外语教师理论意识淡薄，课堂教学缺乏理论指导。

（2）职业意识和专业发展意识。

（3）自主发展动力不足。

3. 教师专业发展缺乏必要的支持。

（1）虽然教师自己对教师专业发展负有重要责任，但总体来看，培养教师和促进教师专业发展是学校和政府的职责。

（2）目前针对中小学英语教师的在职培训，国家已有相关政策和支持，但高校英语教师则无此待遇。

（3）缺少必要的教师培训资源：如培训专家、培训课程、培训材料等。

外语教师的专业发展是个长期的、逐渐进步的过程，是在探索性、反思性教学实践中成就的。教师专业发展的渐变过程孕育着质变和顿悟，典型的环境、人物、事件可以是质变和顿悟的催化剂，对教师的职业生涯产生关键性的影响。环境对教师专业发展起着重要作用。良好的环境能够促进教师的专业发展（吴一安，2008）。教育是一个终身的过程，教育的目标不仅关注学生对科学知识的学习，而且越来越倾向于培养学生的科学探究能力、科学态度与科学精神等。教师的专业化成长是实现教育目标，培养符合时代要求的建设者和接班人，振兴国家、民族的根本保证是学校可持续发展的基石，也是教师实现职业理想的必由之路。因此，教师的专业化成长既是一种认识、奋斗的过程，更是一名教师自觉追求的终身目标。在教学过程中，随着教学经验的积累，教学认识的提高，要想促进教师的专业化成长必须做到以下几点：

（一）认真做好教学反思

教师专业化成长的过程，实质上就是教学实践与认识的过程。根据认识论的规律：实践—认识—再实践—再认识。人类的认识总是从感性认识逐步上升到理性认识。只有理性的认识才能科学地指导实践。换句话说：教师的专业化成长的过程，也就是“教学—反思—再教学—再反思”的不断升华的过程。反思是教师发展最具积极性的因素。反思是总结、是批判、是追求。只有勇于探索，不断进取的人才有可能以批判的眼光审视自己，寻找自身的缺失与遗憾。从目前实践看，教师的各种教育教学活动已经在一定程度上达到了专业化标准的要求。而且，现代教育本身的发展对教师的要求与专业化的标准是一致的。作为教师要有意识地提高自己的专业化水平，因为任何职业水平的发展都有“高原现象”。有些教师教学方法老一套，老经验，一用几十年，他们是经验主义者，身处日新月异的时代，但总是以不变应万变，墨守成规，故步自封。他们不去引导学生如何去学，只是一味地“灌”。他们不去思考如何提高效率，只是一味地争课时，加班加点。他们不去充实自己，更新知识结构，只是一味强调教材的变化太快……我们现处在科技发展一日千里、知识陈旧率周期进一步缩短的年代，人类开始步入教育终身化、全民化、个性化的学习社会，终身教育观念深入人心。所以，为了迎接新世纪教育改革和发展，教师要不断地进行批判性反思，提高自己的专业化水平，走专业化的发展之路。反思是教师发展的必然选择。

（二）加强形成性评价

教师评价是对教师工作表现做出价值判断，以促进其专业发展的连续过程。教师评价是教师专业成长与发展的一部分。通过评价，让教师了解自己教学工作的优点、缺点和专业发展中所欠缺的能力，促使教师的自我进修和自我专业发展。一般来说，教师评价有两个目的：一是形成性目的，以促进教师发展为目的，通过评价使教师认识自己在教学中的优缺点和需求，促进教师改进教学和专业发展；二是总结性目的，把评价结果作为教师晋升和聘任的主要依据。

重视形成性评价，强调教师在评价中的主体地位，允许教师民主地参与评价，注重教师的自评和互评，引导教师将自我发展的目标与评价目标相结合，帮助教师建立理想的教育目标，提高教学质量，不断追求专业发展。

（三）坚持实践导向

教师专业发展必须以满足学生发展为出发点，以学校可持续发展为根本目标，把追求专业发展同教育教学实践紧密地结合起来，形成以发展促教学，以教学促发展的良性循环。但现实中，有不少教师认为，要实现自己的专业发展，就必须离职到高校进修学习。这种观点失之偏颇。他们没有看到教学实践在自身发展上的重大意义。要知道丰富多彩、千变万化的教学实践活动本身就是一个大课堂，它不断地对教师提出新要求、新挑战。这种要求和挑战本身对教师就是一种鞭策和激励。教师在通过教学创新、教研创新满足这种要求的同时，既促进了教学的发展，又促进了自身的提高。

（四）建立学习化校园

让教师学习成为习惯，让教师交流成为常规，设立教师读书班，给教师确定任务和目标。如每周读两份有关教育教学方面的书刊并摘录。每月召开“科组读书心得会”，促进教师交流。每年至少订阅两种教育杂志，每学期写两篇具有发表水平的论文和两篇以上的教育案例或反思。特别是要写好教学反思。因为，自我反思是教师个体以自己的职业活动的思考对象，对自己的教学行为、教师观念、教学过程及教学结果进行自我审视和分析的过程，从本质上说，是一种理论与实践之间的对话，是研究的自我和教学的自我进行对话，是理想的自我与现实的自我的心灵上的沟通，是理论与实践沟通的桥梁。它不是一般意义上的“回顾”，它有目的性，带有研究的性质，是校本教研最基本的力量和最普通的形式，是教师专业发展与自我成长的核心因素。

（五）展开教育研究

教育研究是促进教师专业发展的催化剂。要使教育研究成为教师的自觉行为，除了认识和提高之外，还要解决好以下几个问题：①学校要营造良好的科研氛围，构建促进教师专业发展的校本教学研修制度，从机制上保障科研发展之路，制订指导和鼓励教师开展教育研究的措施，让教师在研究性学术氛围中成长起来。②教师要自觉在教育研究的实践中自我加压、自我强化、修炼内功、谋求发展。要把教育研究与教学实践紧紧结合起来。③研究要从本人实际出发，由小到大，由浅到深，循序渐进，不断提高，大课题是从教育一课、教学一得开始起步的。我们要从教育一得、教学一得起步，发现好的课题的火花，抓住不放，深入研究，形成研究成果。不同教龄和不同层面的人，可根据自己的实际情况，对自己提出不同的研究要求，逐年提升研究意识和能力，逐步过渡到能主持课题研究，只要重视其教育教学研究，并亲身体验过程，就会使自己的文化专业逐步提高。

（六）以制度作保障，发挥服务作用

教师的专业发展需要各方面的支持，学校必须为教师的专业发展做好保障工作。一是以制度来保障，为教师的专业化成长提供先决条件。结合教师的实际状况，逐步完善各岗位人员职责、教师一日工作标准、工作规范、执教规范，建立教师继续教育制度、新教师培训制度、师徒结对制度、教育成果奖励制度。一系列制度的建立，将教师的专业发展和工作紧密结合起来，健全教师专业发展的运行机制，为教师的专业成长提供了保障。二是以资源来支持，落实好教师专业成长的物质保证。作为教师的合作伙伴，学校应做教师的精神支柱，而且更重要的是为教师提供物质支持。设立奖励基金，聘请专家进行指导，为教师提供外出学习的机会。拿出专项经费，为教师提供大量的专业书籍及现代化的教学设备，如多媒体设备、电脑等，让教师获得更为全面、立体的信息。

由此可见，在谋求自身专业发展的过程中，教师必须树立以学校为载体，到实践中学习的观念。坚持“从实践中来，到实践中去”，以全员学习、全程学习、团队学习和研究性学习为途径，以校本教研和校本课程的开发为手段，在团结、互助、合作的良好气氛中，努力实现专业发展及教育创新的目标。

第二节　教师专业发展实践探索

笔者在读研和初入职场的几年，曾经对叙事视角下的学生、教师、新手教师的反思性教学和教师专业发展进行了深入的探索和研究，下面进行分享：

案例研究 1：叙事视角下对一位新教师教学反思的个案研究

教学反思日渐成为教师反思课堂教学实践的一种有效方式。本案例以叙事研究的方法追踪一位新手英语教师在反思自己教学生活的 12 周内关注点随时间推移所发生的变化。研究发现，新手教师教学反思的重点从关注自我到关注学生及学生学习转变，这与 Fuller 关于新手在职教师在教学中关注重心会由自我转向学生这一理论相符合。还发现教学反思可以促进新手教师专业能力的发展，主要表现在专业实践能力的提升上。

一、引言

“反思性教学”作为一个正式术语，其产生主要是受美国学者 D. H. Schon 1983 年发表的著作《反思实践者：专业人员在行动中如何思考》一书的影响。在此书中，Schon 把“反思性教学”描述为教师从自己的教学经验中学习的过程。Wallace（1991）提出了外语教师专业化发展的反思性实践模式，核心是实践与反思的交替进行，并最终造成教师专业能力的发展。随后，Richards（1994）等多名外语/二语教师教育者就反思性实践对语言教师发展的作用进行了探索性研究，从中我们可以得到促进外语教师专业发展的许多启示。

国内方面，熊川武博览众说之长提出了反思性教学的定义：教学主体借助行动研究不断研究与解决自身和教学目的，以及教学工具等方面的问题，将“学会教学”与“学会学习”统一起来，努力提升教学实践的合理性而使自己成为学者型教师的过程。近年，国内外语教学界，也在倡导以反思性教学促进教师专业发展（甘正东，2000；高翔，王蔷，2003）。可以说反思性教学是教师研究解决教学问题的重要手段，也是促进教师专业发展的有效路径。但现有的教师教学反思研究侧重反思意识与反思能力的培养，并过于强调教学反思对教师专业发展的促进作用，而忽视了反思过程中教师反思焦点可能出现的变化，以及变化对教师专业成长的重要意义。本文基于个案研究，以叙事研究方法试图阐释教师反思教学实践过程中关注重心随时间推移所发生的变化。

二、研究方法与理论依据

（一）叙事与叙事研究

随着越来越多的社会科学研究从叙事角度来分析，以人为本的叙事研究方法，如日记、生活故事、叙事访谈等，已被广泛用于教师专业发展的研究（刘毅，2011）。Kathleen Casey（1995—1996）在她的评论文章《教育叙事研究》中将这种研究方法称为“叙事研究”：这种研究范式使教师能更好地了解自己的职业，以继续提高他们自我发展和自我调整的有效途径，从而最终提高自己的教学实践；同时，读者可以通过阅读他人的叙述来反思自己的经验，最后把别人的教学经验融入自己的教学实践中去（Clandinin& Connelly，2000）。Maclure（1993）总结了叙事研究在教师专业发展中盛行的必然性：叙事性研究吸引了大批被政策制定者压制而没有发言权的边缘化群体的关注；为了通过了解教师的内心世界以获得深层次和丰富的材质，研究人员在叙事性研究中充分尊重研究对象的经验和价值，目的是让他们用自己的声音讲故事。因此，叙事研究具有很高的可靠性和价值。最有影响力的叙事研究是由加拿大学者F.Michael Connelly和他的同事Clan- dinin（Clandinin & Connelly，2000）共同完成的一系列研究。他们关注的重点是教师的“个人实践知识”，所谓的研究方法是他们发起的“叙事”。

上述让笔者想起了日常教学：我们与同行分享在教室里经历的事情；一定程度上，教师就是自己教学故事的叙述者。以叙述的方式描述教学故事能使教师更好地理解并向别人诠释自己的教学——教师自己创建教学故事，并以叙事的方式与同行沟通。三本院校英语教师，相对于英语专业教师来说，逐渐被边缘化（刘熠，2011）。以叙事方式对其进行研究，能让这群被边缘化的群体用自己的声音说出内心深处的故事（Maclure，1993），故现行研究采用质性叙述性研究方法。叙事性研究包括以下方式：现场记录、问卷调查、访谈、谈话、自传体写作、教师及家庭故事。本文将采用叙事性访谈。

（二）研究对象与问题

本文追踪一位新手英语教师在反思自己教学生活的12周内关注点随时间推移所发生的变化。拟回答以下问题：在此次反思性旅途中，新手教师所关注的焦点是否会随时间推移而变化？新手教师认为教学反思是否会促进其教学实践？

（三）研究过程与数据分析

笔者于2011年9月以“兼职教师”的身份进入研究对象（梁老师）所在的学校，在该校英语系主任的鼓励下与梁老师进行了为期一学期的教学反思采访活动。本研究获得的数据主要包括：访谈梁老师12次的语音数据（转换成文字数字约5万字）。在研究过程中，笔者始终保持“局外人”的身份；并以“纯粹”的心态试图得到更多的原始资料。为保证研究的客观性与真实性，对援引访谈数据除措词及语病的修改外基本保持原貌。报告形成后取得了该新手教师的认同，最大限度地减少研究者的主观臆断。

（四）理论基础

Fuller(1969)在Concerns of Teachers：A Developmental Conceptualization一书中，对三组新手教师进行了研究，目的是集中调查这些教师在教学过程中所关注的问题，以及是否可以用一些实用的方法来定义他们所关注的问题。研究表明：在研究的不同阶段，新手教师的关注焦点从关注自我到关注学生进行变化。在早期的教育阶段，教师大多关注自己，如课堂控制，教学内容是否充足及教学主管或协调员对自己教学的评价等。在教学后期阶段，教师会更加关注学生和学生的学习，以及学生的提高。在结论部分，Fuller（1969）提出了一系列的问题：个人或团体是否会经历这些阶段？某些个人或群体是否会越过某个阶段或者回到另一更早的阶段？这让我想起了现行研究。我想以叙述的方式探寻该新手教师在研究阶段反思的内容能否随时间推移被归类为早期关注和后期关注。

（五）叙事分析

入职初始：转变角色

梁老师是在我们进行研究的这学期入职的。她本科是非师范专业，研究生就读于中国中部一个著名的师范大学，专业是外国语言学及应用语言学下的英语教学法。她教两个班的英语口语和听力课程。她说，新手教师教学的过程就是教会学习和学习会教的过程，特别是在教学方法方面。显然，她有着非常好的发音、英语口语和听力能力，正如她在第一次采访中所描述的：

我对自己最有信心的是发音和听力。在业余时间里我经常模仿原版英文电影，听 VOA 或者 BBC 广播。（第 1 次访谈，19/92011）

然而，入职之前，她的梦想是成为一名翻译员；是一次偶然的机会让梁老师进入这所学校当教师。

第二次采访时，她描述了第一次课的感受：

第一次走进教室时，同学们都骚动起来了。他们给我拍照片，并问我各种问题。气氛没有我想的那么可怕和紧张。我真的很想与这群可爱的男孩女孩沟通，并与他们成为朋友。（第 2 次采访，26/9/2001）

作为一名刚刚走出大学校门的新手教师，梁老师常常会误把自己视为学生，甚至把这种信念带入教学生活中：

我经常与我的学生们在休息或下课时做活动，与他们沟通，有时甚至和他们开玩笑。（第 3 次采访，10/10/2011）

梁老师这种想与学生建立友谊、抛开其他教学基本原则的企图使她难以获得学生的尊重。有几堂课上梁老师得花额外的时间来处理课堂纪律问题。值得庆幸的是，梁老师很快就意识到这个问题，并认识到：我的角色是一名教师；应该要规范教师行为，所以课堂秩序“又重新恢复正常”。（第 3 次采访，10/10/2011）

梁老师认为语言的主要功能是交流，也会有意识地设计一些交际性的教学活动来促进学生之间的互动，但由于要完成大纲规定的教学内容，她没有时间来实施这些活动。梁老师说，教务处只是关心你能否把教学内容按时完成，谁在乎你使不使用英语呢？梁老师把这种情况描述为“很郁闷的经历”。（第3次采访，10/10/2011）

梁老师很注重自己的形象：

在我看来，教师穿得得体漂亮能吸引更多的同学来听课，并参与课堂活动。（第4次采访，17/10/2011）

谈到自己初为人师的体会，梁老师有几分激动：

我想多积累教学经验。虽然自己的教学存在问题，但我会更加努力，让自己成为一名合格的教师。过去的几周有很多令人满意的回忆，这让我觉得：做一切都是值得的——像学生们在教师节送给我的贺卡，休息时主动与我分享他们的个人故事，或遇到麻烦时转身向我寻求帮助。（第5次采访，24/10/2011）

反思途中：关注学生。

梁老师总是认真地备好每一次课：

每次我都会花整整一下午的时间来准备我的课：我会查字典了解书上新单词、词组的更多用法；即使是在校车上，我也会把书拿出来温习。我认为，吃透课本是娴熟地把知识传授给学生的第一步。（第6次采访，31/10/2011）

话音刚落，她便递给我一本教材。我翻过来一看，书页都是折叠的，里面记着满满的笔记。

学生课上打瞌睡和不做作业是困扰梁老师的两大难题：每次上课总有一两个学生在睡觉。他们似乎觉得课堂上睡觉没什么，但我很担心他们会错过这堂课的教学内容，下次一定要跟他们讨论一下这个问题。还有很多学生总是不做作业。我问及原因，他们便告诉我忘记了。很无奈，真的不知道如何解决这些问题。（第7次采访，7/11/2011）

学生就装在梁老师的心里——她会利用任何可能的机会来帮助他们学习：

你知道，两节课之间有十分钟的休息时间嘛，这个时候我一般都不走出教室，而是利用它给学生答疑。我通常会尝试更简单的方法，如恰当运用中文，来给我的学生们解释课堂上他们觉得有疑问的知识点。（第7次采访，7/11/2011）

在随后的采访中，学生依然是她的重点：

有时候觉得真没必要告诉学生们应该做什么、如何在课堂上好好表现，等等，毕竟他们现在已经是大学生了。但时不时地总会有同学违反课堂纪律，这无疑会分散其他同学的注意力。所以我得告诉他们该怎么做——尽管这并不是我的初衷。（第8次采访，14/11/2011）

此外，梁老师常强调，课堂上营造一个促进学生交流与合作学习的氛围相当重要：

我的两个课程是听力和语音，但这两种课的气氛是截然不同的。在听力课上，学生只是听和回答问题，我也不知道该如何调动他们课堂讨论的积极性。然而，在语音课上，学生们都很活跃。每当我想叫同学来练习音标时，总是有学生早早地举起右手。这可能和课程类型有关系吧。但我希望无论是什么课程，都将会有更多的互动，以使课堂气氛不至于枯燥乏味。（第8次采访，14/11/2011）

第九次采访中，梁老师谈了她对一堂成功的课的看法：

建立一个轻松的课堂气氛，让大多数学生积极参与，并且真正地学习和练习英语对一堂成功的课至关重要；教师应该对学生保持积极的态度，这样会让学生对老师也有积极的态度。教师要确保课堂上的指示尽可能简单，目的是让学生更好地理解。不管怎样，我的原则都是让更多的学生在课堂上积极地参与。（第9次采访，21/11/2011）

听了这番话，我被梁老师关于成功授课的箴言深深感染了。

不断摸索：改善教学方式。

渐渐地，梁老师总结了一些促进学生学习的方法。例如，在她的语音课上，学生往往会把有些单词发成“中式英语”。为此，她列出了一些典型错误，并向学生展示英语和汉语之间的差异，还鼓励学生发现发音有歧义时一定要先问她。

梁老师对处理后进生有一套方法：

我不能放弃那些成绩差的学生，而是必须帮他们在课堂上找到自己的位置。通常课前我都会准备两三个简单问题，让他们看到希望。当学生不能回答问题时，我会引导他们尽量张口说英语；如果他还不能回答这个问题，我就会示意他坐下，而不是让另一名学生来回答。这样可能不会让他感到丢脸——这些学生都很脆弱，我必须尊重他们，保护他们的自尊。（第10次采访，28/11/2011）

梁老师很善于使用她精心准备的教案，但有时她也没有严格按照教案组织自己的课程：

这周二，在给学生解释“minority”这个词时，我插入了一个藏族舞蹈的故事。结果学生变得很兴奋，我却没有完成课前准备的内容。后来我咨询老教师，他们告诉我：根据特定教学情况对教学计划做适当的改变非常合理。得到肯定后我很开心，教学过程就是自己不断摸索、前进的过程。（第10次采访，28/11/2011）

接着，梁老师不自觉地开始谈论一些促进自己教学的方式：

作为一个没有经验的教学新手，我真的很期望能有更多的教学督导来我的班上听课。有一天，张教授来到我的班级。当时我很紧张，讲课时我一直在教室里来回走动。下课后，我慌忙地跑到她那里，希望她给我的课作一下评论，并对改善我的教学提点建议。我们谈了很多。一开始她就称赞我的发音和英语口语很不错，这让我很欣慰。接着指出了我的问题。第一，作为一名教师，我太温柔了。我的声音太低，坐在后排的学生听不到。第二，她告诉我应该规范教师用语。她说教室与其他地方不一样，既然我已经站到讲台上，就不应该随随便便和学生交谈。我对自己缺乏教学经验一点也不感到惊讶，真的很感谢教授指出我的教学问题，这样我才有动力去摸索和发现有效的方法来改善我的教学实践，这也是我最终的目标。可惜的是，这种机会太少。在我看来，学校管理部门应该做更多关于教学督导听课的安排。（第10次采访，28/11/2011）

此外，梁老师还认为观测其他教师讲课是一个帮助她学习的很好的方式：

我一有时间就去那些教学经验丰富的教师班上听课，这为我提供了一个应付复杂教学问题的渠道。我会做笔记，并在课后与他们积极讨论那些我在课上感到疑惑的地方。有几次，我甚至模仿他们的课堂管理和控制方式，最后却发现，我用他们的方式替代了我之前的教学管理模式。但我认为，这并不是一件坏事，因为他们的方式确实比较合理，在学习的同时我发现自己的教学旅程也不断向前迈进。（第10次采访，28/11/2011）

展望未来：热爱教学事业。

尽管是新手教师，梁老师认为教师自我发展非常重要：我想我们的英语教师必须提高自己，这一点至关重要——如果我们都不能做到不断学习、自我提高，怎么能期望学生提高他们自己呢？此外，教师非常有必要去学习教学法方面的知识。现在只要闲下来，我就会迫使自己去“充电”。（第 11 次采访，5/12/2011）

学期结束最后一次采访时，梁老师的主题更多的是关于自己新入职第一学期的感受：

一开始我就告诉你，我从来没打算成为一名教师。但现在我觉得教学很有趣，而且真的很喜欢。在本学期，我已经初步学会了如何与学生沟通，如何管理和控制课堂，如何处理那些课堂突发事件；最重要的是：如何成为一个好老师。我非常欣慰自己有这样一份工作，在未来的路上，我会更加努力。（第 12 次采访，12/12/2011）

梁老师用一个成语概括了此次反思旅途的感受：受益匪浅。（第 12 次采访，12/12/2011）

从不想当老师到逐渐热爱教育事业，采访结束的那刻，我真的不忍心说再见，心里默默为她祈祷：梁老师，越教越好。

三、结论与启示

本文追踪的是一位三本院校英语新手教师（梁老师）在反思自己教学生活的 12 周内关注点随时间推移发生的变化。基于以上质性叙事性访谈数据，我们得出以下结论：

第一，新手教师教学关注重心由自我向学生转变。在访谈的前 5 个教学周内，梁老师反思的所有内容都是关于自己的，即自我专业素能（第 1 次访谈）、初登讲台感受（第 2 次访谈）、自我身份定义（第 3 次访谈）、完成教学任务（第 3 次访谈）、关注自我形象（第 4 次访谈）及教学自我满意度（第 5 次访谈）；但从第 6 周起，梁老师的教学关注重心开始转向学生，即认真备课（第 6 次访谈）、关心学生的各种问题（课堂睡觉、没完成作业等）及帮助学生学习（第 7 次访谈）、担忧学生课堂参与的积极性（第 8 次访谈），营造良好的课堂氛围（第 8 次访谈），以及鼓励学生参与课堂（第 9 次访谈）等。这与 Fuller（1969）关于职前教师及新手在职教师的教学关注重心会从早期关注自己到后期关注学生及学生的学习这一理论相一致。

第二，进一步的研究表明：新手教师在入职后期除了关注学生及其学习外，还会不断探索寻求改善自己教学的方式方法。如在第 10 次访谈中，梁老师总结了一些自己在教学中发现的方法（中英文对比纠正发音、鼓励后进生、观摩老教师上课，以及借鉴经验丰富教师的教学管理模式等）。笔者认为，这与新手教师以积极的情感态度寻求自身专业发展与提升密不可分。

第三，新手教师的个人信念在很大程度上会影响其教学实践。例如，由于自己的角色错位，梁老师新入职时仍把自己定义为学生，并努力与学生建立朋友关系，而抛开其他教学基本原则。这使她难以获得学生的尊重。但是她很快就意识到错误，并重新定义自己的角色，才使课堂秩序得以“重新恢复正常”。

第四，积极对教学进行反思能促进新手教师的专业发展，主要表现在对自己课堂实践能力的提升上。教学反思活动让梁老师初步学会了如何与学生沟通、如何管理和控制课堂、如何处理课堂突发事件，以及如何向一名合格的教师靠近。教学反思与教师课堂实践能力相辅相成，共同促进教师的个人成长与专业发展。

教学反思是新手教师实现专业发展的必要条件和根本途径。本研究从微观层面解读了新手教师个体在入职后，教学中的关注点随时间推移所发生的变化；采用了叙事性访谈研究方法，旨在描述与解析逐渐被边缘化的群体内心深处的故事，以引起同行及教师教育者的关注；新手教师在其专业发展的路上需要被倾听、被倾诉，因此，学校管理者努力为新手教师创造实施教学反思活动的机会，并根据实际情况建立教师合作小组或创建基于校本的教师发展研究中心，以使新手教师的教学反思活动得到适当的指导，从而促进教学实践是非常必要的。

本研究暂告一段落，但我们对该新手教师今后的教学反思实践及其在教学中关注重心的追踪还将继续。梁老师会在反思旅途中走多远？她今后的教学中会发生什么新故事？我渴望在不久的将来与大家分享这些喜悦，并真诚期望梁老师在教学反思的路上专业能力能够不断提升。

案例研究 2：在反思中成长的高职青年英语教师——一项叙事研究

教学反思是外语教师实现自我专业成长的有效途径。本文采用叙事性个案研究方法，追踪了一高职青年英语教师教学反思与其专业成长的关系。其叙事性研究表明：主动对课堂与教学进行反思能促进高职青年英语教师课堂实践能力的提升；以学生为中心的教学反思能推动高职青年教师积极采取行动研究以促进自己的教学和学生的学习；另外，本研究还发现，积极的情感和态度是高职青年英语教师专业发展的重要基础。

一、引言

美国教育哲学家 Dewey（1933）认为，反省性思维是实践者对支持其行动的任何假定性知识及信念做出审慎、执着和积极的思考；而美国学者 D.H. Schon（1983）《反思实践者：专业人员在行动中如何思考》一书的发表则标志着反思性教学作为一个科学、正式术语的诞生；Yu-Chu Yeh（2002）声称，反思性教学是有目的、有系统地研究教师个人的教学和学习理论以及在这些理论下所进行的实践；Wallace 在 1991 年就提出了外语教师专业化发展的反思性实践模式，核心是实践与反思的交替进行，并以理论知识与经验知识共同为其提供依据，最终导致教师专业能力的发展。王蔷（2003）等中外知名学者曾对反思性教学进行了实证性的研究，并得出反思性教学可以在很大程度上促进教师专业化发展。但这些研究大多数是在本科院校和中学进行的，很少在高职院校实施。高职院校英语教师尤其是高职青年英语教师，是一群被边缘化（刘熠，2011）的群体，而以叙事的方式对其研究，能让研究参与者倾听自己内心深处的声音、冷静地思考，并站在自己的角度进行反思和发掘自我（张希希，2006）。因此，本文基于叙事视角，并以西部一高职青年英语教师为研究对象，试图探讨教学反思与其专业成长的关系。

二、研究过程

（一）叙事研究方法

华莱士（1990）声称，世界上所有真正发生的事情在没被人们使用语言表达之前，是根据“故事”形式和“本来”的面目得以存在的，世界上所有的事物和现象都是被叙述和描绘出来的。20 世纪 90 年代，Clandinin 和 Connelly（1990）两位加拿大教育专家《经验的故事和叙事研究》等一系列研究成果的发表是教育叙事研究作为科学研究方法诞生的标志。Maclure（1993）指出，以人为本的叙事性研究方法能让叙事群体用自己的声音表达出内心深处的故事；教育叙事研究有助于作为个体的研究对象在反思自己的日常教学工作和生活中转变自己的教学行为和观念（张希希，2006）。对一线高职教育工作者而言，分享自己的实践经历和教学故事会让他们感觉被重视、被倾听，因此，本研究采用质性叙事性研究方法，本文主要采用叙事性访谈（narrative interviews）和教学日记（teaching diaries）。

（二）研究对象与问题

本文追踪一高职青年英语教师教学反思与其专业成长的关系，拟回答以下问题：教学反思能否促进高职青年英语教师专业的成长和发展，主要表现在哪些方面。

（三）研究数据

根据叙事性研究方法的过程，即进入现场、资料的收集和完成报告（徐冰鸥，2005）三个阶段，笔者以“同行兼同学”的身份与研究对象（以下称 Miss Wu）达成每周见面一次、为期一学期的教学反思采访活动协议。研究数据主要包括对 Miss Wu 14 次的语音访谈资料（转换成文字约 4 万字）及 Miss Wu 自愿与笔者分享的 12 篇教学日记。为了更好地还原数据真实性，笔者对援引数据除修改语病外基本保持原貌，并经 Miss Wu 认同，以减少笔者的主观臆断。

三、叙事分析

（一）反思伊始：压力重重

在为期半年的教学反思活动中，Miss Wu 无论是在教学理念还是实践学习上都获得了长足的发展与进步（第 13 次访谈，14/6/2014），但她的专业革新之途无疑是充满了曲折。下面就开始 Miss Wu 的教学反思的故事：

Miss Wu 毕业于中国西部一所著名的师范院校，专业为外语教学法。她有着非常流利的英语发音和口语，这与她一直秉持的终身学习理念有很大的关系，正如她在第一次访谈中所透露的一样：

工作跟上学不一样了，在没有语境的情况下，我们只能靠自己的恒心和毅力，平时我一有时间就会在网上学习英语，尽管有时候需要付费（第 1 次访谈，4/9/2013）。

对刚入职一年的新手教师，Miss Wu 可谓压力重重，其中，一方面是来自于系部对新教师的工作安排，在第二次访谈中，她描述道：首先我们入职前三年会被不定期抽查在系部全体教师面前讲一堂公开课，其次是手写教案。尽管这两项都是读书时我们专业实践所要求的，也都做了很多练习，但是我们的练习大多数是针对高中教材，这与高职院校肯定有很大区别。我一直在思考会不会有一个固定的教案模式让我们去复制，但后来我意识到将面临的是不同的学生、不同的教材和教学环境，因此，在制定新的教案时，我只能是借鉴以前的，并在此基础上创新，所以我的手写教案一直都在“摸索”（11/9/2013）。

另一方面，Miss Wu 的压力来源于课堂和学生。经历了一年的高职教学实践，Miss Wu 已初步积累了一定的教学经验，但这些显然是不足的。Miss Wu 在接下来的访谈中说道：我一直认为，英语课堂上所用的语言只能是英语，中文只起到辅助性的作用（当然，我和我的大学同学实习时一直被这样要求），但工作后事实恰好相反。所谓的全英文教学只对英语基础扎实的学生们起作用，而高职学生大部分英语语言知识薄弱、英语词汇量缺乏，所以上课用英文会让学生感觉整堂课“坐飞机”，学生不仅不会感激你，反而会对你反感。这让我很头疼！怎样才能让我的课堂既有趣，又让学生学到知识是我一直努力的方向（第 3 次访谈，24/9/2013）。

（二）反思途中：寻找动力

面对这些压力，Miss Wu 没有退缩，她认为有压力才会有动力，因此她选择直面新的环境、学生和课堂（第 4 次访谈，14/10/2013）。Miss Wu 的反思性教学日志：

今天这堂课是我新学期最开心的一堂课。这堂课的主题是 Flying with the dream，在上课之前，我搜索了很多与梦想相关的实例（图片、影像），并配以 open-ended questions（开放性问题），以供导入部分使用。这些资料让学生非常感兴趣，他们不仅认真听课，还积极举手回答问题。课堂气氛“异常”活跃，这让我很轻松地上完了这堂课。可见，教师不循规蹈矩，积极丰富教学内容对成功的课堂至关重要（教学日志 1）。

然而，“天空不是一直灿烂的”，Miss Wu 在接下来的访谈中说道：

这个周四英语课上，我给出课堂导入的问题，让学生们分组讨论。讨论刚进行一半，便发现有两个男生在后面边说边笑，还不时玩着手机。我心里有点气愤，于是走过去再次重申了我的要求。不想其中一个男生站起来对着全班同学振振有词地说道：“老师，请问你叫我们讨论这些问题有何意义？”我对他这种大声质问老师的行为感到很愤怒，当时便让他安静下来，并要求他课后给我写一封道歉信（第 5 次访谈，24/10/2013）。

但在当天的教学日志中，Miss Wu 的态度和课堂上截然相反：读完学生的道歉信，我突然意识到我在重复做着以前中学老师们对我做的事，让课堂上不同于我的声音安静下来。想到这里，我觉得自己多么可怕呀！我必须要改变自己的观念和教学方式，并试图去倾听学生的声音，把自己放在学生的角度去思考，这样才能走进他们的“内心”（教学日志 2）。

Miss Wu 这种重新反思自己教学的行为促使她不断摸索、认知学生以提高课堂教学质量的方式方法。在后来的访谈中，她描述道：学生的口语一直是我很头疼的问题。口语不好，导致学生课堂上积极性差，互动少，回答问题都是统统一句“sorry，I don’t know”。关于如何让学生在课上多说这个问题我思考了好久，我可以做些什么来改善学生的口语现状呢？后来听了教研室主任的一堂课后得到启发，让学生们每星期轮流做一次口语报告。每堂课结束前我就会安排一个学生们比较熟悉的话题，譬如天气、度假、旅行等，让学生事先做好准备，然后在下一堂课开头几分钟上讲台做报告。刚开始的几个周，学生们非常紧张，口语也说得结结巴巴。我鼓励大家不要怕，把我当成大姐姐，让学生们的心情尽量放松下来。后来学生们的口语说得越来越好，内容也渐渐增多，课上回答问题的同学也比以前多了。有一次课后我悄悄了解了几个同学，他们说通过练习不但提高了自己的口语，而且课上比以前更自信了，我在课上也能给他们说更多的英语，但其实我的初衷一直是为我的学生们创设更好的语言环境。学生口语提高这件事情让我很有成就感，我准备把我的口语报告练习坚持下去，并收集更多的资料以改善我的口语课堂（第 7 次访谈，14/11/2013）。

（三）不断成长：正视自己的不足

这种成功的课堂教学体验无疑成为Miss Wu工作上的动力。当然，伴随着成功的喜悦而来的是来自各方面的压力。其中，一方面是学校教学主管部门不定期对青年教师进行的课堂观测检查。Miss Wu在之后的一篇教学日志中写道：今天李主任突然来听课让我变得有些紧张，尽管课前已准备好了教学内容，但讲课时还是不停地在教室里来回走动，抽学生回答问题还叫错名字，真是有些紧张！课堂上李主任坐在教室后面严肃的表情，仿佛在对我说：我倒要看看你怎么上好这堂课。好在学生们努力配合，才得以完成这堂课（教学日志 3）。

然而，当笔者问她是不是对教学观测（classroom observation）反感时，Miss Wu却话锋一转，虽然会对教学督导突然来听课感到一丝不安，但我并不反感。后来我听取了李主任对我课堂教学的评价：第一，我的语速有点快，需要减慢速度，不然学生跟不上；其次，我说的英文有点过多（当然，他没说这是一件坏事），考虑到学生的水平，这会加大他们对课堂内容理解的难度，他建议我说英文要循序渐进："得摸着学生底子走"。说到底，我还得感谢李主任让我认识到自己课堂上的不足，这样我才有动力去寻求适当的教学方法以改善课堂教学实践（第 9 次访谈，24/11/2013）。

听到这里，笔者对Miss Wu这种敞开心扉，自觉努力追求专业实践发展的态度表示充分的的赞许和支持。12 月初，Miss Wu周末去母校看了导师和还在深造的同学，回来后颇有感受，并在教学日志中写道：去母校见了导师，并有幸再次进入她的课堂，她上的这门课名叫课堂教学理论与实践。课堂气氛一如既往地活跃，让我再次体验了当学生的感觉。课上老师指出，现今的教师们很少在课后花时间去询问学生们在课堂上所学到的东西，或者课堂教学的难易知识点，等等，大多数老师唯一做的一件事就是等课程结束后通过考试的方式来检测他们。我一直以为自己在反思，但现在觉得远远不够，需要做的事情还很多。以后我一定要在课后询问学生学习的情况，这样才能让自己的教学越来越有重心和方向（教学日志 4）。

回单位上课后，只要时间充裕，Miss Wu 就会调查学生的学习情况。“我给他们每人发一张问卷调查表，上面有三个问题：①这堂课主要内容是什么？②你学到了什么？刚开始学生会回答些和问题无关的东西。所以我又给他们解释道：这些问题不是关于课堂或我的教学怎么样，而是关于他们作为学习者的经历（their experience as learners）。③每节课我都做了同样的调查，渐渐发现他们的反思越来越清晰，越来越具有批判性，听到这些我觉得“目的”达到了（第 10 次访谈，14/12/2013）。

（四）展望未来：希望自己成为教师研究者

不知不觉就临近期末了，Miss Wu 的教学差不多结束了，在第 12 次访谈中，她说她现在的重心是“答疑”（第 12 次访谈，28/12/2013），即让学生们在课下收集好所有课堂上不懂的问题，然后她在教室里集中给学生解答：希望学生能获得好成绩。

随着期末的来临，我们的活动也渐渐接近尾声。最后一次访谈，Miss Wu 说自己对此次反思乐此不疲，并表达了希望自己以后也能成为一名教师研究者（teacher researcher）的愿望（第 14 次访谈，24/1/2014）。访谈结束的那一刻，真不忍心说再见，在动力与压力中徘徊前进的 Miss Wu，愿你一路走好。

四、结论

本文采用叙事性个案研究方法，追踪了一高职青年英语教师教学反思实践活动与其专业成长的关系。基于以上质性叙事性研究资料，我们得出以下

结论:

第一，主动对课堂、教学与学生进行反思能促进高职青年英语教师专业化发展，主要表现在教师课堂实践能力的提升上。面对高职学生口语差、基础薄弱的情况，Miss Wu 并没有放弃，反而选择直面学生和课堂，努力寻求提高教学实践的方式方法。最终，她学会如何上好一堂成功的课（见教学日志 1）、如何提高学生口语(第 7 次访谈)以及如何让学生自己学会反思(第 10 次访谈)。教师反思与课堂实践能力相辅相成，共同促进高职青年英语教师专业化发展。

第二，以学生为中心的教学反思能推动高职青年教师积极采取行动研究（action research）以促进自己的教学和学生的学习。行动研究是指教师为解决教学实践中所遇到的问题而进行的研究。如以上研究数据所示(第 7 次访谈)，学生口语差一直是 Miss Wu 所担心的问题，为了解决这个问题，Miss Wu 煞费心思，后来听经验丰富的老师上课后得到启发，果断对学生采取轮流口语报告的方法，学生们的口语水平得到提高，自己上课也较以前更得心应手了。

第三，积极的情感态度是教师专业发展的重要基础。移情（教学日志 2）、专业信心（教学日志 1）、责任感（第 1、7、10 次访谈）、身份认同（第 7 次访谈）等积极的情感态度是教师不断获得个人成长的重要标志，同时也是其专业化发展的组成部分。多种形式的教学反思活动（访谈、教学日志、行动研究）有助于教师健康、积极情感态度的培养。反过来，积极的情感态度对提升教师的反思水平也能起到促进的作用。教学反思与教师积极的情感态度相辅相成，共同促进高职青年英语教师的个人成长与专业发展。

教师专业发展是朝着理想教师不断逼近的反思性实践的过程，所以，学会反思是教师实现持续发展的必要条件与根本途径（孟春国，刘学惠，2007），而高职青年英语教师的个人成长与专业发展急需一个积极、合作、健康的环境。

案例研究 3：高职青年英语教师的自我反思与专业成长之旅—基于教学日志的个案研究

撰写教学日志是教师教学反思的一种形式。采用个案研究方法，追踪一高职青年英语教师教学日志撰写与其专业成长的关系。研究表明：教学反思日志有助于高职教师专业发展，主要表现在反思思维的培养、教学方式的创新和课堂自主能力的提升上；高职教师教学日志主题体现在备课、教学/学习过程、课堂互动、课堂管理与教学评估五个方面；秉持以学生为中心的理念促使高职英语教师积极采取行动研究以提升学生的学习效率和学习动机。

一、引言

教育家 Dewey（1933）指出，教学经验与思考相结合会导致意识、发展和成长；撰写教学日志则是教师教学反思的一种形式（程文华，2010）。日志作者可以是语言教师或语言学习者，但日志研究的核心特征是反思性：日志作者研究自己的教学或学习(Bailey，1990）。因此，作者可以报告情感因素、语言学习策略和自己对语言学习经验的看法，而这些通常是外部观察者难以理解的；教学日志可以作为实施反思性教学的数据收集工具，也是数据收集的第一步：为教师探索自己的教学实践提供了机会（Ho & Richards，1993）。多位研究者(高翔、王蔷 2003 等)综述了反思教学的内涵、特点、实施过程等，并通过实证性研究的结果指出：反思教学是促进外语教师自身发展的有效途径。但这些研究大多都是在本科院校进行的，很少有在高职院校实施（曹娟，2016）；基于课堂教学环境的高职英语教师教学反思与专业发展的实证研究在我国大学英语教师教育与发展研究领域明显不足(文秋芳，任庆梅，2010)。目前，我国的高等职业教育取得了长足发展，高职教育体系初步形成，“大力发展”是政府和教育行政部门对高职教育的共识（李生京，2015）。但没有一支高水平、高质量、高素质的教师队伍，就没有职业教育质量的根本提高。因此，为了适应新形势和新时代的要求，培养一支高质量、高素质、高水平教师队伍就成为目前职业教育改革的一项重要任务。本文以医学高职院校一青年英语教师为研究对象，试图追踪其撰写教学反思日志与其专业成长的关系，以期为其他高职院校外语教师专业发展和高职英语教学改革进一步成功实施提供借鉴和参考。

二、研究设计

（一）研究对象与问题

高职青年英语教师Amanda是本文的研究对象，也是叙事日志中的“我”，该教师拥有8年教龄，是一位经验丰富的高职英语教师；毕业于中国西部某师范大学，拥有英语教育硕士学位，从事高职非英语专业大一学生的公共英语教学工作，是一位拥有高度责任心、热爱学生、热爱教学并自觉努力追求专业成长与发展的教师。本文研究的问题是：①高职青年英语教师的教学日志主题体现在哪些方面？②撰写教学反思日志能否促进高职青年英语教师的专业发展？

（二）研究方法

1. 个案研究方法

潘淑满（2005）指出，个案研究法与其他研究方法最大的不同在于研究者能够进入研究对象的生活场域，在不干涉研究对象的自然情景的前提下，进行有关研究对象或行为的观察，并通过收集资料的逐渐丰富，对研究对象进行概念建构；因此，本文采用叙事性个案研究方法（Van Lier，2005）：这种方法具有探索性和描述性，能够获得基本信息（Bogdan Bilken，1982）。

2. 实践共同体

实践共同体是指我们经常参与的、为了共同目的而形成的各种共同体；在该共同体中，每个成员有着共同的任务（mutual engagement）、联合的事业（a joint enterprise）以及共享的资源（a shared repertoire），并在共同参与实践活动中通过协商和影响提升自己在这一领域的专业知识和技能，（Wenger，1998，转自刘熠，2010）；学习小组便是实践共同体的一种形式。这项研究是在中国西部一高职院校进行的，为期一年，Amanda是三名教师自愿组成的小组的一部分，他们定期在一个小组中会面，讨论并反思他们的教学实践；他们也观察彼此的教学，并撰写关于他们实践经历的教学日志。本文追踪其中一位参加者（Amanda）在写教学日志时所进行的反思。

（三）数据收集与整理

本研究的素材来自于Amanda自愿与笔者分享的她在2018年1月至2018年12月期间撰写的60份教学反思日志。笔者对这些教学日志进行了编码和标记，如Amanda 10月26日写的日志被标记为“TJ-A-1026”，其中TJ是teaching journal（教学日志）的缩写，A代表Amanda老师，1026是该日志的撰写日期10月26日。以此类推，Amanda 12月10日撰写的日志标记为“TJ-A-1210”。笔者随后运用质的研究中的“主题分类法”(categorization)对教学日志中的文本资料进行了分析和整理（程文华，2010）。“主题分类法”指的是在资料中寻找与研究目的相关的主题和反复出现的意义类型，并对这些意义类型进行概念归类，用以解释研究中呈现的现象(Merriam，1998)。此外，经Amanda同意，笔者还邀请两位外部专家对照日志内容对笔者确定的主题进行检查和核实，以确保评估者之间达成一致，减少笔者的主观臆断。

三、研究发现与讨论

本文采用叙事性个案研究方法，追踪一高职青年英语教师撰写教学反思日志与其专业成长的关系。通过数据收集、整理与主题分类（表1-1），我们发现：高职青年英语教师的反思日志主题主要体现在备课、教学/学习过程、课堂互动、课堂管理与教学评估五个方面。以下将对上述五个反思主题进行详细探讨与分析。

表1-1　Amanda教学反思日志主题分类及比率

反思主题	备课	教学/学习过程	课堂互动	课堂管理	教学评估	其他
日志条目	10	12	15	10	11	2
比　率	16.7%	20%	25%	16.7%	18.3%	3.3%

（一）一如既往备好课

备课是上好每堂英语教学课的基础（姜平，2019）。我们发现：Amanda日志中关于备课的条目有10篇，占日志总数的16.7%；即便是同一门课，Amanda

却本着对学生负责的态度，每年都要重新备课。在 04 月 06 日的日志中，她写道：昨天去图书馆备课，遇到一个同事，她问我在做什么，我说来图书馆备课呢。她说："怎么随时都看到你在备课呢？上课的内容不是都已经很熟悉了吗？"我说："确实是熟悉了，但每次给新一届的学生上课都会遇到很多问题，所以又得重新备一次。"嘴里说着，心里也是想着如果不认真备课，学生有问题问自己，自己却不知道如何回答时，就会感觉对不起他们。其实自己坚持备课的习惯也是受到英语启蒙老师的影响，她是那种真正热爱教学和学生的老师，她为学生负责到底的理念一直影响着我。(TJ-A-0406)

在备课的过程中，她意识到教材中有些知识超出了高职学生的英语水平。因此，她根据班上学生的水平和需要，省略和增加了一些内容。当她调整课堂教学过程并决定使用各种活动时，她的课堂也变得更加自主了。（TJ-A-0509）

另外，Amanda 备课时喜欢和同事们讨论：

今天我被系部安排上一堂公开课，内容是业余爱好（Hobbies）。上课前，我便和教研室同事讨论，他们建议我在 PPT 第一页加入名人名言，以吸引同学们的注意力。我自己也进行了大量的准备工作，还演示了上课的模式，因此这堂课非常成功，同事们都对我的课赞不绝口。我用南宋诗人陆游的一句诗结束了整堂课，即：纸上得来终觉浅，绝知此事要躬行。告诉同学们：既然业余活动有那么多的好处，那我们在这里谈是不够的，还不如安排好空余时间，好好地把我们的业余爱好付诸实践。（TJ-A-1212）

可见，认真备课对成功的课堂至关重要。

（二）孜孜不倦悟教学/学习

高职英语教师在教学活动的开展上，要坚持以学生为中心，并充分重视自身专业教学能力的改善与提升（余丽，2019），树立终身学习的理念。Amanda 日志中关于教学/学习的条目有 12 篇，占日志总数的 20%。

学生词汇学习一直是 Amanda 教学的一大难点，所以她决定采取措施改变这一现状：

每学期末进行试卷分析时发现大多数学生都是词汇那一部分丢分多，因此，我意识到：加强学生的词汇记忆能力刻不容缓，这学期便付诸实践。之前去外地学习，我们小组的老师专挑了词汇学习的工作坊，speaker 给我们介绍了很多词汇教学和学习的方法。我对其中三种通过游戏学单词的方法记忆犹新，我打算把它们用于学生的词汇教学中。（TJ-A-0415）

为了让学生记单词，我必须要对他们“狠”：我安排学生课下务必要背每单元精读部分的单词，课上进行听写；写错的同学需要把错误的部分重新抄写10遍。听写单词不是我的目的，而是督促学生学习的一种方式。有一次，我在课后悄悄了解了几位同学。他们都认为，这种督促背单词的方法对成绩不好的同学非常奏效，他们得强迫自己认真学习。其中一位学生用“细心呵护”来表达我对成绩不好的同学的关心，并向我表示感谢。但最令我欣慰的还是期末考试学生词汇部分的得分比以前提高了。（TJ-A-0713）

在听力教学方面，在阅读了一本介绍听力技能的书后，Amanda 反思了她之前在听力课堂上的做法，果断采用教材的听力练习中没有包含的一些课堂活动：

在听力活动中，我发现学生们在理解课文方面有问题。今天这堂英语课，我尝试了不同的方法。首先我给他们介绍了听力的主题，然后还介绍听力文本中的新词汇，并在听之前问了一些指导性的问题。这些活动对他们理解听力文本非常有用。（TJ-A-0508）

Amanda 还探讨了她对语言教学的看法，并根据实际对自己的课堂实践做出了一些改变，正如她在日志中所说：

我意识到我太依赖课本了，这会让我的教学变得索然无味。我尝试使用各种不同来源的活动和材料来为我的学生们创造一个愉快和激励的学习环境。（TJ-A-0521）

只要有机会，Amanda 便出去学习交流，并把学到的东西用于自己的高职英语课堂实践。

周末听了一位外语教学专家的讲座后颇受启发，他说的是做科研必须要自己懂，别人也懂，就是要把自己的观点交流和与别人分享。我想这对我们老师上课也是适用的——知识自己懂了还不够，必须要让学生懂。所以，这堂课我讲得很慢，每个知识点讲完，我都会问学生：“Have you understood”（你们懂了吗）或“Any questions”（还有问题吗），待学生都说理解了我再继续上课。（TJ-A-1029）

（三）乐此不疲思互动

高职英语课堂上师生之间良好的互动，能够让学生形成对于知识的理解和感受（宋黎萍，2019）；同时，良好的互动方式如眼神交流等对学生自信心的建立至关重要。但在课堂实践中，能做到师生有效互动却是困难重重。在 Amanda 的日志中，我们发现她不断尝试各种方式方法以改善课堂互动；课堂互动在 Amanda 日志中所占的比率为 25%。在 04 月 26 日的日志中，她写道：今天早上，我发现有个学生刚开始回答问题都挺好的，但后面就结结巴巴了。课下我问他原因，他告诉我：刚开始答得好，是因为老师一直看着自己，同学们也比较安静；但后面老师的眼光不在自己身上了，自己心里就会想是不是问题答错了，或者没达到老师的期待，加上同学们也开始讨论，心里越想越糟，于是就没自信，语言也组织不好了。（TJ-A-0426）

可见，老师与学生的眼神交流及和谐的课堂环境对学生课堂自信心的树立非常重要。Amanda 表示：我以后在课堂上一定要和学生多用眼神交流，并努力为学生们营造和谐的课堂环境。（TJ-A-0426）

在另一篇日志中，Amanda 认识到了之前课堂上没有注意到的两个问题：

我发现，除了常规课堂教学外，我还会用母语教授语法结构、解释生词等。我这样做的初衷确实也是为了有效地利用时间，或者保持学生的注意力。但这样做导致我的课是以教师为中心，因为整堂课我都在谈论和解释每一个小细节。认识到这些后，我下意识地在课堂上限制了我的说话时间，并为学生创设了更多交流和参与的机会。现在我敢自信地说：我的课堂更偏向于以学生为中心了。（TJ-A-1106）

是的，通过努力，Amanda 的课堂更偏向于以学生为中心了。

（四）得心应手管课堂

课堂管理对教学效果产生较大的影响：纪律好，学生就能将主要的精力用在课堂的学习上；反之，学生可能会没有心思学习（徐红霞，2019）。在课堂管理方面，Amanda 制定规则并采取了各项措施。例如，对学生故意破坏课堂的行为采取预防措施（TJ-A-0508），并试图提高学生的学习动机，以更好地管理课堂。学生学习动机是高职青年英语教师面临的最大问题之一。她注意到学生们没有动力，不愿意学习英语，因此她发了一份问卷，调查学生缺乏动机的原因。她发现大多数学生认为英语课没有必要，因为他们觉得比英语更需要化学、解剖或生物学。后来，她决定明确解释英语的优势，以及它将如何影响他们的教育或未来的职业生涯；她还努力使课堂更愉快。随着学生对学习英语有更积极的态度，课堂气氛完全改变了。（TJ-A-1024）

在11月26日的反思日志中，她还写道：前几年，对于控制课堂确实没有经验，以至于遇到突发事件的时候会冲动。记得有一次，因被学生惹怒而要求其写检讨，现在想起来，这些行为真的很幼稚。这几年教学经验的总结，让我对课堂控制越来越得心应手——没有当初的力不从心和忧虑，这些全都得益于自己的专业成长和因此而带来的自信和从容。在课堂上，我和学生的眼神接触越来越多，即便是有学生注意力不集中，我的一个眼神也会让他们心领神会，集中注意力继续学习。感谢这次反思之旅，让我学到不少东西，也让我成长了。（TJ-A-1126）

（五）以学评教促评估

课程教学质量评价起着以评促改、以评促建的重要作用，是各高职院校切实提高人才培养质量的重要举措（陈娟，李媛，2019）。在课堂评估方面，Amanda根据实际情况改变教学策略：

有一天和小组的一位女老师在去食堂的路上聊到双语教学会使我们面临水平越来越低的风险，可我俩都认为：为了学生能理解教学内容，只能“豁”出去了。针对这个问题，我平时会在线学习一些英语课程，有口语的、语音的，还有阅读的，每天保持一定的学习时间，才能保证自己一直处于一个较高的水平。都说要给学生一杯水，自己必须要有一桶水；这是一个比喻，把水比喻成知识。可现在觉得，老师不仅要有一桶水，而应该有一河水；只有自身的知识丰富了，才能教好学生，因此要让自己的知识如河水般源远流长。（TJ-A-1210）

笔者对Amanda这种根据实际情况改变教学策略及为学生负责到底而不断提升自己专业素养的态度表示充分的支持和鼓励。

另外，Amanda还想让学生对自己的课堂教学进行评价：

我想让学生对我的课堂进行评价。这是一个很棘手的问题，那天我向一位经验丰富的教授咨询怎么让学生评价我们的课堂。她告诉我，不能直接问学生，你直接问，他/她就会在你面前说一堆好话，赞美你的课堂，而非他们对课堂的真实感受。我说设计一份问卷调查表，让他们匿名参与评价怎么样。我的教授同事非常赞同这个方法，认为这样可以省去学生的很多顾虑，课堂评价相对来说较客观。通过咨询其他更有经验的同事并讨论后，我决定就采取这个方法让学生对我的课堂进行评价。（TJ-A-1226）

学期快结束了，Amanda用一句话来总结她的这次反思之旅：“今年通过写教学日志，我在实践中培养了反思思维能力，并学会在成长的过程中对自己的教学进行更多更客观的评价。”（TJ-A-1230）

四、结论

本文追踪一高职青年英语教师撰写教学反思日志与其专业成长的关系。通过质性个案研究分析，得出以下结论：

第一，教学反思日志有助于高职青年英语教师专业化发展，主要表现在教师反思思维的培养、教学方式的创新和课堂自主能力的提升上。高职教师通过教学日志积极进行反思（TJ-A-1029，TJ-A-1230），创新了词汇教学方式（TJ-A-0415）和语言教学环境（TJ-A-0521），并根据实际情况改变教学策略（TJ-A-1210），大大提升了自信心（TJ-A-1126）和课堂自主决策能力（TJ-A-0509，TJ-A-1106，TJ-A-1210）。撰写教学反思日志与反思思维的培养、教学方式的创新及课堂自主决策能力的提升相辅相成，共同促进高职青年英语教师专业化发展。

第二，高职青年英语教师教学日志主题主要体现在备课、教学/学习过程、课堂互动、课堂管理与教学评估五个方面。尽管拥有较丰富的教学经验，高职青年教师还是根据学情一如既往的备好课(TJ-A-0406)、努力创新听力和词汇教学方式（TJ-A-0508，TJ-A-0415）、积极营造师生互动和谐的课堂氛围（TJ-A-0426）、主动探索课堂管理的方式方法（TJ-A-1126），并让学生对自己的教学进行评估（TJ-A-1226），最终提升了自己的专业素养（TJ-A-1210），并推动课堂教学方式从以教师为中心转向以学生为中心（TJ-A-1106），从而顺利完成了自己的专业革新之旅。

第三，秉持以学生为中心的理念促使高职青年英语教师积极采取行动研究以提升学生的学习效率和学习动机。行动研究是指教育情境的参与者为提高所从事的教育实践的理性知识、为加深教育实践活动及其依赖的背景的理解所进行的反思研究（陈向明，1999）。学生词汇学习一直是 Amanda 教学的一大难点，为了解决这个问题，Amanda 不仅给学生介绍了新的词汇学习方法（TJ-A-0415），还督促学生背单词，并对其进行单词听写，最后学生的学习成绩终于提升了（TJ-A-0713)。另外，学生学习动机也是高职教师面临的问题之一（TJ-A-1024）。为此，在调查了学生缺乏学习动机的原因后，Amanda 决定给学生阐明英语学科的优势及对他们职业生涯的重要性，最后，学生的学习动机不仅提升了，Amanda 管理课堂还比以前更得心应手了（TJ-A-1126）。

撰写教学反思日志有助于高职教师能够更清楚地认识到教学环境的具体需求和问题，使教师能够识别、解决和批判性地思考教室和教学中的各种关键要素：教学反思扩展了高职青年英语教师的教学知识、语言学习和实践探索，并带来了积极的变化；而高职青年英语教师的专业发展急需一个积极、健康、支持的环境。

在教师专业发展初见成效后，笔者还结合教学实践对高职公共英语教学模式进行了实践和探索，后面的章节中我们将一一进行讨论。

案例 4：高职高专院校外语教师专业化发展的探索

在高职高专院校未来的发展中，外语教师专业化发展已经成为一项重要任务，本文重点阐述了外语教师专业化发展的必要性以及基本素质要求，并对其发展现状以及发展途径展开了深入的探讨，借此期望可以促进外语教师的专业化发展。

在最近几年以来，国内高职高专院校的规模逐渐扩大，随着教育多元化的深入发展，很多问题也开始凸显出来，比如说教师专业素质滞后、师资力量缺乏等，特别是外语专业，这种问题更为严峻。在教学实践工作中，各高职院校均已经意识到了外语的重要性，因此也采取了一系列的改革措施。促进外语教师的专业化发展，不仅可以强化师资力量，而且也会推动教学改革的发展。

一、高职院校外语教师专业化发展的必要性以及基本素质要求

教师专业化指的是教师品德、教学能力以及专业素质等多个方面的综合能力表现。而教学专业化发展指的则是教师在教育工作中，通过长时间的学习与探索，逐渐增强自身的专业能力与综合素质等方面，在提升教学质量的同时，实现个人价值最大化的目标。

（一）高职高专外语教师专业化发展的必要性

第一，教师的职业特征所决定的。长时间以来，在人们的理解中，教师的任务就是传道授业解惑，随着社会的不断进步与发展，人们对于知识文化也予以了高度重视，在这一背景条件的影响下，自然也就提高了对教师的专业化要求。从职业角度来看，教师必须要做好自己的本职工作，这也是每一名教师的职责所在。

第二，外语教师专业化发展是大势所趋。现阶段，人们为了提高生活质量，在社会上得以生存，知识与技能已经成为不可缺少的重要手段。在获取知识与技能的过程中，学校教育则是其中的重要组成部分。随着经济全球化的深入推进，在我们的日常生活与工作中，外语多语种（包括通用与非通）的应用也愈发广泛，受到这些因素的影响，自然也对外语教师提出了更高的要求。只有教师具备扎实的专业能力，才可以培养出更多的优质人才，从而促进社会的进步与发展。

第三，在高职高专教育发展的过程中，外语教师专业化发展必不可少。高职高专院校为了提高教学效率，也对各个教学环节提出了严格要求，教师专业化发展则是其中的基本保障。

（二）高职院校外语教师专业化发展应具有的基本素质

第一，掌握全面的教育理论知识。作为一名外语教师，必须要掌握系统的

理论知识，其中包含了心理学以及教育学等多个方面，基于此实现探索与创新。

第二，熟练掌握扎实的现代语言理论知识。外语并非是独立存在的，必须要依托于现代语言，只有具备良好的现代语言理论知识才可以熟练运用语言，并且提升教学质量。

第三，具备过硬的专业技能与理论知识。纵观高职高专院校的发展现状，外语并不具有良好的交流环境，听到外语的途径也比较少，对于学生来说，教师的影响力是巨大的，不仅要掌握基本的理论知识，也应对学生进行正确引导，提高学生的实践运用能力。

第四，可以合理应用现代科技。科技的不断发展为教育改革创造了很多条件，在进行外语教学时，教师应合理运用教学媒体和现代信息资源等。

二、国内高职高专院校外语教师专业化发展现状

通过对国内高职高专外语教师专业化发展现状进行分析，我们发现，总体来看仍旧比较薄弱，还有很多问题存在，基本上可以体现为以下几点：

第一，发展目标并不明确。根据调查结果显示，对于许多教师来说，专业化发展的目的与教育目标并不契合，其最终目的并不是为了促进学生发展和提升教学效率，而是对自我发展予以了过多的关注。

第二，不具有充足的知识储备量。作为一名外语教师，必须要掌握扎实的综合能力。针对外语教师而言，应具备的专业基础知识主要包含以下几个方面，即：语言交际能力、专业知识、教学理论、教学技能以及情境知识等。然而，综合当前高职高专院校的发展现状来看，很多外语教师并不符合以上要求，不仅没有掌握扎实的专业技能，而且教师大多没有接受过全面的心理学与教育学的知识，受到这些因素的影响，虽然具有良好的外语基础，但是也无法促进外语教学的顺利开展。

第三，自主权受到限制。教育自主权所涉及的内容比较多，其中可包括以下几点，即：教育教学权、进修培训以及学术权等。现阶段，国内贯彻的是由上而下的教育体制，此种外控式管理体制极大程度地限制了教师的权利，进而对外语教师专业化的发展产生了一定程度的影响。

第四，教育组织不健全。外语教师专业化发展的过程中，应具备完善的教育组织，由此一来，不仅可以促进彼此之间的合作交流，还可以避免产生一些不利影响，促进教学活动的有序开展。综合国内当前的发展现状来看，与此相关的教育组织少之又少，专业化培训渠道更是非常局限；培训内容缺乏创新意识，与新时代的发展需求并不相符。

三、高职院校外语教师专业化发展的有效途径

若想实现教师专业发展的目标，无论是教师还是管理机构均需共同努力，方可产生较佳的成果，基于此，应围绕以下几个方面展开：

（一）深入强化教师队伍，逐渐健全外语教师专业化教育组织

各级教育机构应对外语教学予以高度重视。结合当前的发展现状考虑，首要任务就是深入强化教师队伍，聘请综合素质强、专业技能扎实、教学能力强的教师，从而完善师资队伍。在此之后，学校也应设定一系列的政策机制，对教师进行专业化培训，不仅要培训基本的专业知识，而且也要提高教师的综合素质，提升教师的教学质量。除此之外，学校也应从自主权以及薪资待遇等方面着手，提供一系列的优惠政策，进而为教师专业化的发展提供更多有力保障。

健全外语教师专业化组织。为了促进教师的专业化发展，教育管理机构应建立专门的长效机构，充分结合集体力量与个人力量，打造出一个专业的平台，在教师培训、经费以及资格认定等方面均会起到管理的作用，这样一来，不仅可以深入促进外语教师专业化发展，而且也能够使教师的基本权利得到保障，为他们今后的发展打下坚实的基础。

（二）建立终身学习理念，合理制定职业发展规划

针对教师而言，必须要树立专业化意识，这一点是尤为关键的，只有端正自己的态度，才会付诸行动。实际上，外语专业化发展不仅是提高一项专业技能，而且也可以显著提升综合能力，因此必须要树立终身学习的理念，在教学实践中，教师经常会面临很多的困难与挑战，教师应明确自己的目标，端正思

想意识，这样才可以实现自身的专业化发展。除此之外，教师也应制定合理的职业发展规划，尽量发挥出自身的潜力，在发展的道路上避免走弯路，积极学习他人的优质经验，对促进个人的专业化发展将会产生很多的积极影响。

（三）正确利用反思教学

所谓反思教学，指的是在教学实践与教学内容中，教师所产生的自我认识与自我批评的过程。在反思教学的作用下，教师可以深刻意识到自身所存在的不足，通过进行自我反思，积极改正自己的错误问题，并提高自身的综合素质。通过采取反思性教学之后，将会对教师专业化的发展产生良好的促进作用，学者叶澜曾提出过这样的观点：“如果教师只知道写教案，那么必将无法成长为名师，但若是教师可以坚持教学反思，必定会成长为名师。”所以，通过这些我们可以发现，在教育工作中，反思教学的重要性不言而喻，因此，对于外语教师来说，必须要时刻坚持教学反思才可以意识到自身的不足，并且及时调整心态，改正自身的缺点问题。

（四）通过专业化发展，实现教师职业的升华

在外语教师专业化发展的过程中，内在动力是重要的力量源泉，其他外在因素也会对其产生相应的影响，比如说学校、社会等。当处于集体氛围内，外语教师的综合能力才会迅速提升，教师之间相互交流沟通，共同讨论教学经验，不仅可以开阔视野，而且也能够促进教学的深入开展，因此，在教师专业化发展的过程中，个体发展固然重要，但也不要忽略了集体进步，只有具备良好的氛围和环境，才可以实现职业的升华，更好地展现出人生的意义。基于此，学校应提倡教师积极参加交流活动。教师专业化发展的宗旨即为提高个人能力，并促进教学工作的有序开展，换句话说，通过开展教学实践活动，也可以有效促进教师的专业化发展，教师必须要明确自身的目标，朝着学者型、专家型教师的方向发展，实现职业价值最大化的目标。

案例 5：行动研究:职业院校外语教师专业化自主发展之路径

在职业院校外语教师的教学科研工作中，行动研究是一种行之有效的方法，也因此得到了广泛应用。本研究主要以贵州职业院校为例，深入分析了职业院校外语教师采取行动研究对其专业化自主发展的重要作用。职业院校外语教师应提高专业化发展的自主意识，贯彻落实“身边亦是研究课题”的思想理念；通过进行合作行动研究，解决课堂观摩所面临的问题，提倡终身学习的理念，从而对教师的专业化自主发展产生一定的促进作用。

一、行动研究理论与教师专业化自主发展解析

教师的专业化发展，指的是在教育教学过程中，内在知识、理念、素养以及能力等表现为动态性与持续性的发展过程，始终贯穿于教师的职业生涯中。Graves 提出，教师发展内涵与外延是共存的，前者表示教师个人实践与反思，后者则是参考其他教师的经验与思想理论，也可以将其称之为教师专业化自主发展，表示教师结合环境特征与自身要求采取相应的方法和措施，从而拟定出适应于自身职业发展的目标规划，并为此付出一系列的努力或行动。在此期间，教师不仅要掌握扎实的理论知识，与教学实践相结合，而且也应更新自己的知识结构，在实践中学会反思，逐渐强化自身的教学能力，最后提高教学质量。

所谓行动研究，指的是以教师作为研究者，而研究对象则是自己的学生与教学情况，通过反思自身的教学行为，发现其中的问题所在，并进行分析之后采取的有效的应对措施，使面临的问题得到解决，从而改进教学的研究方法。针对课堂教学而言，行动研究即为利用教学改革而推动教学实践的一种方法，提出教师应对自身的教学目标、教学成果、教学目的以及教学过程予以更多的关注，并找出教学实践中所存在的问题，寻求更高的突破。

行动研究的实质即为在教师的指导下完成的课堂研究，旨在提升教师对教与学关系的认识，并提高教学实践效率。行动研究的开展促使理论与实践充分结合，在教学中融入了研究，也是促进教师专业化发展的重要渠道，通过开展行动研究，有利于实现教师的职业发展。

二、职业院校外语教师专业化自主发展的必要性

职业院校英语教师普遍存在以下几种问题，即：知识结构过于单一化、教学理念比较落后、科研能力较差、仍需提升专业化水平等。本文主要以贵州高职院校为例进行研究，深入探讨了其专业化自主发展的必要性，具体内容如下所述：

（一）在职称结构方面，大学英语教师仍需提高自身的科研水平

从这一方面来看，高级职称所占比例相对比较低，在各个学科中的排名十分靠后。对其产生影响的主要原因为科研成果与科研活动，这些教师缺乏科研意识，从整体上来看，不具有强大的科研能力也对他们的职称结构产生了阻碍，这也是对其专业化自主发展产生制约的根本因素。

（二）在组织管理方面，应提高对大学英语教师专业化自主发展的重视

综合国内当前的发展现状来看，在中小学教师的培训工作中，具有专门的培训机构与行政管理部门。与此同时，也颁布了一系列的培训项目，比如说西部计划以及国培计划等。现阶段，国家对大学教师的培训问题并未予以更多重视，而且也缺乏专门的职能部门。教师的专业培训应具有全面性、全员性以及持续性的特点，这也是实现专业自主发展的基本要求。

（三）在教师的自觉意识方面，并未对专业化发展产生正确认识

很多教师认为，英语专业的“专业技能”并不突出，仅凭着自身的工作经验就可以胜任这项工作。通常情况下，教师很少会参与在职培训工作，而且也并未制定科学合理的职业生涯规划。实际上，若想促进其专业化自主发展，前提条件就是要形成一定的自觉意识。

（四）在英语课程的标准化方面，教师的专业化发展水平有待提高

现阶段，国内大学英语课程的标准化水平相对比较高，然而我国的区域经

济发展不均衡，并且地域宽广，因此存在很多的矛盾之处。相比于发达地区来说，贵州高职院校英语教学水平仍需提升。举例说明，在英语四六级的考核中，贵州高校的通过率仅有10%不到。所以，教师应致力于提升自己的科研能力，增强自身的专业素养，提升整体的教学质量，为国家培养更多的外语人才。

三、行动研究促进民族地区大学英语教师专业化自主发展的可行性分析

(一)行动研究具有一定的便利性，将会促进大学英语教师参与教育研究

针对行动研究而言，因为具有一定的便利性，与大学英语教师的工作特征相契合，将会有效促进其专业发展，并为此打下坚实的基础。现阶段，贵州地区大学的英语师资力量比较匮乏，每名英语教师需要教的班级至少有四个，很多教师每周的工作量均为16课时，更有甚者会超过20课时，在这种高强度工作的压力下，自然也就没有精力进行教育研究，然而，由于行动研究的出现，则使这种问题得到有效解决。众所周知，其实质即为围绕教师教学实践而展开的小规模调研，与传统的理论研究存在很多不同之处，普通教师相对比较适用，而且也可以使高校教师面临的教学问题得到有效解决。

(二)大学英语教师的工作特征为行动研究提供了特殊的研究领域

对于当代大学生来说，英语是一门必修课，通常教学均具有以下几种特征，即：多变性与不确定性。学生之间的个性差异比较大，当处于不同的环境时，学生的表现也会有所不同，若想提高教学效率，则必须要基于实践知识作为前提条件。所以，如果一味地参考他人的教学方式与教学理念，不仅会不利于自身的成长，而且也不适用于本班的学生，甚至会面临很多的尴尬情况。而行动研究则可以使很多教学问题迎刃而解，不仅与大学英语教师的工作特征相契合，而且也为他们提供了特殊的研究领域。

(三)反思圈的研究方式可以保证行动研究的实效性

通过对行动研究的环形反思圈进行分析后可以发现，这种方式十分适用于外语教师。环形反思圈具有可循环的特点，这一过程呈现为螺旋式上升状态，

任何行动研究都不会结束，教师的研究工作也会不断延续下去，在解决问题的过程中发现新的问题，并提升自身的专业技能。语言的人文性以及区域性特征十分明显，学者 Wallace 认为，职业教育主要分为三种类型，反思模式则是其中的重要组成部分。其所注重的是反思与实践循环的重要意义。波斯纳认为：教师成长的表达公式可以理解为：教师的成长=经验+反思。行动研究的主要特征就是反思，也是必不可少的重要方法。

四、高职院校英语教师开展行动研究促进专业化自主发展的建议

(一)产生“在教学中成为研究者”的想法提升专业化自主发展的意识

教师应有在教学中成为研究者的意识，笔者认为，最重要的就是从心理上转变角色。教师并非仅是知识的消费者，还要创造出更多的知识。教师应形成正确的反思意识，从教育实践着手，从而展开一系列的研究。积极促进自身的专业化发展，找寻到更多的动力源泉，积极投入到行动研究中，从而使研究质量得到更多保障。与此同时，教师也应意识到这一点，在英语教育改革与创新中，行动研究的重要性不置可否，具有不可撼动的作用与地位，而且也应明确自身的发展目标，即为“研究型大学英语教师”。

(二)践行“身边亦是研究课题”的宗旨提升专业化发展的自主意识

在践行这一宗旨理念的同时，不仅要对教学过程保持敏感状态，尽量在教学工作中找出问题所在，而且也要在每次教学中积累经验，并得到一定的收获，之后选出具有研究价值的课题。作为一名高职英语教师，必须要对英语语言教学具有较佳的敏感性，随时了解其方向与趋势，在日常的教学工作中，也应提高自身的敏感度，及时获取一些新理念与新观点，这样有助于明确自身的研究内容。学者泰勒提出，在他每天的生活中，想出的主意至少有十个，只要其中半个主意稍微有点价值，他就会感到非常幸福。

（三）采取“合作行动研究”，改善课堂观摩难的问题

进行合作行动研究可以使大学英语教师所面临的教学问题得到有效解决。事实上，大学英语课程的相似度非常高，而且进度也相差不多，所遵循的课程规定也是统一的。在这一背景条件的影响下，自然也就为教师提供了教研合作的机会，便于进行课堂观摩以及合作行动研究等。在教学实践中，每位教师的教学方法与研究理念均是有所不同的，因此也为教师之间的相互学习创造了条件。若想实现合作行动研究的目标，最为关键的就是要改善互相听课观摩所面临的问题。通常情况下，很多教师都不喜欢被听课，究其原因，则是因为这种行为会让他们产生被评价的想法，激发出他们的反感情绪。然而，行动研究的同行观摩则是截然不同的，其目的并不是为了评价，而是为了使教师所面临的问题得到解决。

（四）提倡终身学习的理念，促进专业化自主发展的良性循环

教师应始终坚持终身学习的思想理念，争取做到“活到老学到老”，学习内容也尽量更为全面，主要涉及以下几个方面，即：教育理论与理念、研究方法以及教学手段等。采用实践与学习相结合的方式，在实践中发现问题，在学习中找出问题的解决方式，在实践中得以验证，充分发挥出反思性实践的作用，避免出现教育理论异化的情况，为合作行动研究的开展提供有力参考。

案例6：教学档案袋评价—高职教师专业发展的新路径

教学档案袋是一种新型的教学评价工具，比较注重自我评价与个性评价，对教学过程的评价予以更多的重视，充分凸显出评价的发展功能，改善了以往教学评价的不足之处。与此同时，也可以对教师专业发展产生促进作用，促使高职教师转变成教学研究者与反思性实践者。在实施教学档案袋评价的过程中，主要包括两个环节，即：第一是教学档案袋的设计与制作；第二是教学档案的评价。前者必须要明确具体的评价目标、类型、证据的选择与收集，并且采取教学反思；后者则细分为三个步骤，通常可包含评价前的准备、进行评价以及

评价后的反思。

所谓教学档案袋，指的是基于学生学习档案袋为依托，所设计出的用于评价教师教学的工具。针对教学档案袋评价而言，则是有针对性地收集教师的各项教学作品以及其他人员提供的材料，并将其制作成相应的档案袋，从而记录教师的成长与作品，以此作为参考依据对教师进行评价的一种方式。在教学实践中，很多专家学者均提出，该项工具也会对教师的专业发展产生良好的促进作用。根据统计结果表明，教学档案袋在国外已经得到了广泛应用，特别是美国、加拿大等国家，主要用于提高教师的综合能力，并对其教学效果进行评价。此种方式改善了以往教学评价方式的不足，不再只是过于注重教学结果与他评，而是具有以评促教的作用，促进教师的教学反思，及时总结经验知识，极大程度地促进了教师的专业发展。本文主要探讨了教学档案袋的作用以及具体的应用措施，借此期望可以为接下来各项研究工作的开展提供有力参考。

一、教学档案袋的功能

（一）丰富、完善教学评价

教学档案袋是一种新型的教学评价工具，改善了一般教学评价的不足之处，不再过于注重教学结果、强调教学评价，导致被评价者在评价过程中处于被动地位，而是充分体现了对被评价者的尊重，对评价教学过程予以更多的关注，从而凸显出其所具备的发展功能。

1. 注重个性评价

对于教学档案袋评价来说，其实质即为一种评价方式，对被评价者的个体差异予以了更多的关注，可以充分凸显出个性评价。众所周知，在传统的教学评价方法中，标准也是井然有序的，被评价者需要提供的材料也是相对统一的，但却没有意识到考评其个性成果，然而，随着教学档案袋评价的出现，对被评价者的个性特征予以了更多的尊重，与此同时，也为他们提供了许多展现自己的舞台。这样一来，被评价者能够充分发挥出个人优势，在标准条件下选择相应的作品，凸显出自身的特色魅力。

2. 尊重自我评价

随着社会的不断发展，教学评价也发生了相应的改变，为了顺应时代的发展趋势，教学档案袋评价的参与主体也呈现出多元化趋势，将自评与他评有效结合，对被评价者的自我评价予以了充分尊重；并发挥出自身的主观能动性，改变被动的状态，激发出了被评价者的积极性，让更多的被评价者在自我评价中产生良好的反省意识，提升自我评价能力。

3. 重视评价教学过程

教学档案袋评价充分结合了终结性评价与过程性评价两种方式，并对教学过程评价予以了更多的关注。教学档案袋的任务并非仅是收集教学结果，而且也收集到了很多的资料信息，其中可包括：学生完成的作业、教师准备的材料、记录的师生交流内容、教师的自省叙述等，完整记录了整个教学过程，也为我们呈现出了教师的优缺点、收获与成长等，以此提高评价的客观性、公平性以及合理性。

4. 体现出发展性评价

传统的教学评价基本上都是采用评价的方式判断教师的教学能力，并对教师的教学效果进行对比，然而，教学档案袋评价则打破了传统模式的束缚，并非仅是评价教师的教学成果，也不仅是教师之间的横向对比，而是对教师的发展与成长过程予以了更多的关注。他人在对教师进行评价的过程中，并非是基于对评价者选拔甄别的角度考虑问题，而是通过评价发现被评价者的进步与发展，为之提供更多的可行性建议，对被评价者今后的发展产生积极影响。

（二）促进教师专业发展

1. 促使高职教师作为反思性实践者

在教学档案袋评价的作用下，促使高职教师成为反思性实践者。实际上，对于教师专业发展来说，主要有以下几种取向，即：理性取向、实践反思取向以及生态取向。三者各具特色，均会对教师专业发展产生促进作用，综合当前的发展现状来看，理性取向得到了高度重视，因此其他方式的引入至关重要。实践反思取向则对教师的实践性知识予以了很多关注，相关学者提出的观点：教学知识是基于实践而产生的，但是也可以对实践产生指导作用，教师应对自身的实践性知识进行妥善应用与管理，这样一来将会有效提升教师的综合素质与专业素养，培养他们形成良好的反思意识，增强实践能力。该取向弥补了理性取向的很多不足之处，理论知识固然重要，但是实践知识也是必不可少的。教学档案袋评价的出现充分体现了教师的主体地位：通过对教学档案袋进行整理、归纳，可以促使教师对自身的教学实践有所了解，并提高管理效率，适用于各种教学情境，提高解决问题的能力，反思自身的教学行为，并及时做好适当的调整，将会对教师专业发展产生良好的促进作用。

2. 促使高职教师成为教学研究者

采用教学档案袋评价促使高职教师也发展成为教学研究型教师。众所周知，高职的教研工作主要可以分成两种类型：一是教师对某一学科领域进行研究；二是教师对专业领域教学进行相应的研究。现阶段，高职为了提高教学质量，开始逐渐重视高职课程教学研究，并将此作为高职科研的关键环节，特别是在评定教师职称的工作中，高职课程教学的研究成果早已成为其中的重要组成部分。而教学档案袋评价则有效促进教学研究，为高职教师各项研究工作的开展提供有力参考。在教学档案袋中，教学反思则是其中不可缺少的重要环节，其制作与评价过程的实质即为教师的自我反思与研究。其中具有非常丰富的材料，为教师的教学实践创造了有利条件，提供了很多反馈信息，教师教学档案袋制作的过程也能够对自身的教学行为与学生状况有着更加深入的了解。不但可以观察到学生对知识的掌握，而且也可以了解他们的情感变化与价值观取向等。事实上，在教学实践中，教师的身份就是教学实践者，但在应用教学档案袋评价之后，教师也可以对自身的教学行为进行研究，致力于改变当前的教学方法与建构全新的理论体系，并适用于特定的教学情境中，从而促进教学活动的深入开展。对于教学档案袋来说，其不仅是一种评价方法，而且也可以促进教师的自我反思，让教师深刻意识到自身的不足之处，有利于教师今后的教学设计与决策，让他们可以积极参与到教学研究工作中，身份职能也发生相应的变化，并非仅是本专业的研究者，而是转变为教学研究者。除此之外，其过程亦是教师之间的沟通过程，基于此也就产生了教师合作文化。

二、教学档案袋评价的实施

在国外，教学档案袋评价在很多学校均得到了广泛应用。通常情况下，在进行教学档案袋评价的过程中，应综合考虑以下几个方面，即：目的、证据、读者以及反思。在实践操作中，主要涉及两个环节，即：首先是教学档案的评价，其次是教学档案袋的制作。

(一)教学档案袋的设计与制作

1. 教学档案袋的主要类型

由于档案袋的应用目的不同，再加上制作方式存在差异，因此也将其分成了很多类型。第一，从应用目的层面来看，则可以分成展示型与理想型两种。前者的作用即为展示与宣传，并用来展现出教师的教学能力，一般情况下，均是教师比较成功的教学案例或者个人满意的作品。后者则是对教师的教学成长进行记录，促使其转变为评价者的身份，对自身的教学过程进行反思，通过制作相应的档案袋，将会对教师的专业化产生一定的促进作用。在此期间，基本上均是将自身的教学作品收录其中，很少会去特意选择。除此之外，由于制作方式有所不同，也可以将教学档案袋划分为多种类型，举例说明，在美国，教学档案袋的设计主要分为三种类型，即：根据教学责任类别进行设计；按照评价标准进行设计；基于专业发展进行设计。需要注意的是，即使各类档案袋有所差异，但却是可以交叉共存的。

2. 教学档案袋的制作

主要包括两个方面，即制作流程与材料准备。制作流程应考虑以下几点内容：①确定评价目标与教学内容。在对教学档案袋进行设计时，一定要有针对性地收集资料。因此，教师首先应明确自身的制作目标与教学任务。由于评价目标存在差异，将会导致收集资料也会有所不同。例如，针对展示型教学档案袋而言，所收集的就是教师最有优势特色的作品，然而基于理想型教学档案袋考虑，收集的资料则比较全面，其中包含了制作者并不满意的作品。②证据的选择与收集。所谓证据，指的是在档案袋中放置的各类资料，是制作者所收集的作品范例。在选择内容的过程中，制作者被赋予了一定的自主权，能够结合自身的要求进行选择，但并非是随机收集作品，必须要具有针对性，根据评价目标与教学任务进行选择。在对资料进行收集的过程中，需要选择的资料比较广泛，并非仅是制作者收集了自身专业领域的资料，而且也包含了其他教师的作品，然而，无论情况如何，在进行该项操作之前，必须要对资料类型有所了解，时刻做到心中有数，从而保证资料收集的全面性，不会出现顾此失彼的情况，以提高收集工作的有效性，促进接下来教学工作的顺利开展。③反思。在进行教学档案袋评价的过程中，应对收集资料进行反思，这也是档案袋评价的重要构成要素。反思并非是无意的行为，必须要时常进行反思，正确意识到反思的重要性，在收集资料期间，应时刻反省思考，每当结束教学任务之后，就要对当天的教学行为进行总结，反思自己的不足之处，进而实现自我提升。

(二)教学档案袋的评价

在实施教学档案袋评价的过程中，应号召其他相关人员阅读教学档案袋，并进行适当的评价，这也是不可缺少的重要环节。通常情况下，评价者与读者是统一的，其中可包括上级领导以及其他教师，在此过程中，教师自身也是不可缺少的评价者与读者。因此，在采用此种评价方式时，具体流程主要包含以下几项：

1. 评价之前做好准备工作

首先应提前将评价标准公布出来，也可采用随机评价的方式。但是对于没有过相关经验的教师来说，可以提前让他们了解优秀教学的评判标准，这样一来，不仅可以为制作者提供指导依据，也可以为后期工作的开展提供行之有效的标准体系。基于此，教师在制作档案袋之前，领导应与教师提前进行沟通，在自愿参与的条件下，促使教师制作出相应的评分标准。其次，前期准备工作还包含制作者对评价的准备。因此，在进行评价之前，制作者必须要对档案袋认真阅读与检查，了解其中的各项内容，熟练掌握具体位置，便于应对其他人员提出的问题，可以时刻做到游刃有余。最后，也包含了其他评价者的准备。在评价其他教师的过程中，无论是学校的领导人员，或者是其他教师，均应对教学档案袋的内容认真阅读，了解档案袋的基本类型与具体内容等，并准备提出相应的问题。

2.进行评价

可以采用的评价方式比较多，其中可包括以下几项，即面谈、测试、书面报告以及量表评价等多种形式，也可以结合实际情况将以上几种方式进行合理安排，这样会产生较佳的评价效果。

（1）面谈法。这种评价方法的应用十分普遍。在采用此种方法的过程中，常见的方法主要包括三种类型：①会议形式，相对比较严肃；②小组谈论形式，较为轻松一些；③制作者汇报完之后进行追问。

（2）书面评价法。在采取此种方法时，则需要被评价者以书面的形式进行反思与表述，相比于档案袋制作中的反思评价来说，则存在很多的不同之处，制作者在完成档案袋制作工作之后，必须要总结档案袋中的所有内容，并进行自我分析。

（3）题目评价法。这种方式即为采用编写题目的方式，对制作者的表现情况进行测试，从而判断其是否符合标准要求。采用此种方法便于对制作者进行评分，判断其是否符合标准要求，应用的评价手段与教学方法是否合理等。

（4）量表评价方法。该方法在评价之前应提前制定相应的评分标准。按照评价的具体要求，其评分准则也可以分成多种类型。不仅可以制定整体评分规则，而且也能够采用分项目的评分规则。从总体上来看，前者相对较为简单一些，而后者则比较复杂。但是若想促进教师的职业发展，为其教学档案袋的制定提供更好的帮助，尽量还是要选择后者。

3.评价之后的反思与行动

针对教学档案袋评价而言，其实质即为以评促教，所以，即使结束了档案袋评价，但也并不是真正意义上的结束，而是对教学起到了一定的促进作用，有利于教师及时调整自身的教学计划，所以制作者必须要认真参考他人提供的反馈意见，妥善做好自我调整，将会对教学工作的开展产生积极影响，从而探索出具有可行性的教学途径。

案例 7：论教师专业发展取向的同伴观摩

在传统的观摩课中，教师对观摩课存在很多误解，课后交流过于形式化，大多均是以评价教师作为观摩目的，而且组织也缺少完整性与有效性。而同伴观摩则可以使这些问题得到有效解决，所采用的模式主要包括以下几种，即：成立合作小组、观察前协商、教室观察以及观察后讨论等。采用同伴观摩可以缓解被观摩教师的心理负担，促使教学问题得到有效解决，具有重要的现实意义。

观摩课是学校开展教师教研的重要途径之一。国外很多学者认为观摩课会对教师专业发展产生一定的促进作用。观摩课可以改善教师封闭的教学环境，让教师之间互相借鉴，促进彼此的合作发展，从而积极采取反思性教学，拓展自身的思维路径。学者瑞格（E. C. Wragg）提出，教师若想提升自身的专业素质，听课是必不可少的重要活动之一。在日常的教学工作中，观摩教师可以对被观摩教师的教学行为有所了解，并得出正确的教学行为，了解教材中的疑难点与重点内容。但是传统的观摩课则无法发挥应有的作用，教师也对观摩课存在很多误解，这些因素均会对教师的专业发展产生不利影响。

一、传统观摩课存在的问题

(一)教师对观摩课的认识存在误区

通过进行访谈后发现，很多教师均对观摩课产生了抵触心理。他们表示，课堂观摩即为“教师将自己的教学方式公之于众，接受领导与其他教师的指导与评价”，或者是“教师为了借鉴他人的教学经验，对一些资深教师的公开课进行观摩”。很多教师并未转变自身的思想理念，但对于课堂教学观摩的理解也过于落后，他们认为观摩课就是“领导为了检查教师的教学质量，并对其进行评价而展开的，或是教师以公开课的形式将自己优秀的一面展现在他人面前，并得到大家的赞赏与认可”。当教室门关闭之后，也就无人观看教师的教学行为，自然也就不会对他们进行指责。正是出于这种想法，很多教师非常排斥观摩课。

(二)传统观摩课大多以评估教师为目的

Good＆Brophy 提出，所谓课堂教学观摩，指的是“为了产生适用于自身课堂教学的技巧与方法，新教师通过对指导教师进行观察，掌握基本的授课方法，并使课堂管理问题得到解决，从而促进师生之间的互动”。所以，通过这些我们可以发现，在对新教师进行培养的过程中，观摩课是一种比较常见的方法。学者 Nunan 等提出，其实质即“为了专业发展而参与其他教师的课堂活动，并对课堂互动进行认真观察与记录的行为”。综合当前的发展现状来看，很多教师的观摩课均是为了应对学校检查，或者是对新教师进行评价的一种方法，上课教师处于被动地位，需要接受他人的评价与监督，所以很多教师都认为，上观摩课会产生极大的心理负担，教师为了展现自己的优势，都会表现得非常谨慎，尽量避免发生错误；观摩教师则坐在教室的后面，按照评分表的要求进行打分；上课教师则需要按照评价内容进行改正。

心理学专家认为，人在接受他人的评价时，极易发生焦虑的心理。而观摩课一般都是以评价为目的，通常会导致上课教师的情绪非常紧张，甚至会导致他们非常排斥，很多教师表示，观摩课是对个人能力的一种考验。长此以来，观摩课也就失去了原有的意义。

(三)传统观摩课的组织缺少系统性

传统观摩课基本上是为了应付学校的教学任务，或是为了完成某项活动而开展的，具有极强的随意性，因此也会缺少持续性与连贯性。所以，受到这些因素的影响，很难对某一课程的教学情况进行有针对性的研究，所得出的结论也不统一。从上课教师的角度来看，观摩课就像是一场表演活动。为了获得校方领导以及其他教师的认可，需要耗费更多的精力与时间去准备观摩课，真的是费尽心思，而且还有教师会提前让学生在课堂上演习，浪费了很多的课堂时间。为了营造出良好的课堂氛围，采取了很多不切实际的方式。通常情况下，这种课堂已经违背了原有的目的，不具有真实性，不利于长期教学的开展，而且也没有任何参考价值。从听课教师的角度来看，他们仅是以旁观者或参观者的身份进行听课，所以并未制定出具体的观摩任务。

(四)传统观摩课后的讨论过于形式化

很多时候，教师普遍将教学评价与教学观摩相结合，无论是上课教师，亦或是听课教师，双方无法构建良好的信任关系，听课教师碍于同事面子，在进行课后讨论时得过且过，也没有认真指出上课教师的问题。与此同时，因为没有提出严格的记录要求，听课教师给出的评价也比较笼统，所提出的建议也不具有针对性，自然也就无法产生实质性的作用。

二、教师专业发展取向的同伴观摩

在国外，很多学者提出，通过采用同伴观摩的方式，可以对教师专业发展产生良好的促进作用。专家学者提出，如果教师具有较佳的同伴关系，不仅可以促进教师专业发展，而且也可以积极转变教学行为。合作发展理论提出，教师的个人发展并不是各行其是、彼此独立的，而是同伴之间互利互助，共同促进彼此的发展，因此也可以称之为合作发展（cooperative development）。与同事之间交流沟通之后，“可以帮助教师提升自身的教学层次，不再是感性、常规或直觉指导个人的教学行为，而是上升到由反思与批判性思考指导个人的教学行为”。在进行反思的过程中，必须要有数据为依托，而教师若想获得自己的教学数据并不容易。同伴观摩促使这种问题迎刃而解，教师也可以更好地获取数据资源，这些均是“教师采取批判性反思的重要参考，也是从事教学工作的重要指导依据”。

(一)同伴观摩的定义(peer observation)

所谓同伴观摩，是指相同专业的教师相互之间所采取的目标明确的观摩，同事之间的合作关系处于平等状态，由听课教师针对某项问题提供观摩到的数据资料，并与上课教师共同交流探讨，目的是为了促进教师的专业化发展，从而提高教学质量，有利于教学研究活动的顺利开展。在此过程中，一线教师即为主要的参与主体，上级领导不可参与，观摩数据也不用于教师的绩效考核，与薪酬奖金没有关系。

(二)同伴观摩的模式

“观摩”的英文名称为“observe”，其含义为“观察”。对于“观察课”来说，与“听课”有所区别，前者具有明确的观察对象、目的、方法、程序以及数据分析等。所以，同伴观摩是有针对性的，需要按照一定的程序执行，基本程序主要包括以下几项：

1.组建教师合作小组

教师之间自发建立合作小组，每组人数为2～4人，大家共同商讨相互观摩的课程内容与时间安排。每名小组成员的合作关系均是平等的，彼此之间互利互助，没有任何的主次之分，相互促进对方的专业发展，从而提高教学能力。

2.观察前协商

旨在培养同伴之间的信赖关系，明确观摩的课程内容与具体目的。应明确对方需要解决的问题，并对其进行观察；与小组成员共同商讨沟通，选出最合适的观摩课程、班级以及时间安排等；小组成员在选择记录方式时，应结合观察背景及目的进行选择。

3.教室观察

这一程序是进行同伴观摩的重要过程，主要包括两个步骤：第一步是进入课堂；第二步则是按要求记录好需要观察的信息。

4.观察后讨论

在完成教学观察之后，教师应对得到的资料信息进行梳理与总结，在小组会议中进行交流与探讨，并提出具有可行性的建议看法。在此期间，教师必须要结合上一次的观察结果进行考虑，为接下来观察工作的开展打下坚实的基础，从而使教学问题得到有效解决，实现提升教学质量的目标。举例说明，以英语课堂观摩课为例，对同伴观摩模式进行简单叙述：A教师认为自己的教学方法存在问题，于是便邀请小组成员观摩其课堂教学，明确观摩的具体内容，并对教学情况进行记录与分析，在下课之后小组成员围绕这一问题进行谈论，共同找出解决问题的方法措施。

(三)同伴观摩的意义

1.可以缓解上课教师的心理负担

同伴观摩具有自发性的特点，无论是观摩教师还是被观摩教师，双方之间都对对方有所了解，而且通过进行课程观摩之后，可以促进双方的专业发展。这样一来，将会有利于增进同伴之间的关系，缓解上课教师的心理负担，而且也不会对观摩教师产生反感情绪，提高教师的心理体验感，共同促进彼此的专业发展。

2.可以使教学过程中出现的实际问题得到解决

基于同伴观摩的条件下，双方之间均围绕一个核心问题进行观察与交流。一般选择“平常课”进行观察，所流露出教师的真实状态，观摩的目的不是为了评价，教师也无需凸显出自身的优势特征。

3.可以对同伴之间的长期合作研究产生促进作用

在开展观摩活动的过程中，教师之间的角色身份可以相互变化，互为观摩者的身份，教师则可站在对方的角度考虑问题，也会对对方的感受有着更深刻的了解，在明确观摩目标时，双方之间会充分尊重对方的意见，观摩教师在收集信息的过程中也会更加认真负责，这样有利于培养同伴之间的信任关系，而相互信任是实现以上目标的先决条件。

三、结论

社会的不断进步与发展也对教师提出了更高的期望与要求，教师专业发展必须要具有持续性，因此，无论是学校还是教师，都必须要长期坚持下去。同伴观摩的实质即为一种同事互助观摩体系，并不局限于评价考核目的，相对比较节约、有效，具有极强的灵活性，不会受到过多因素的限制；其是基于教师专业发展作为导向，遵循以学习为本的思想理念，创设出良好的工作环境，从而促进教学的深化改革。然而，若想促进同伴观摩的有序开展，必须要具有一定的前提条件，比如说领导的支持、教师之间的和谐共处、相互配合以及明确合作时间等。

第三节　课堂教学模式的概念

一、教学概述

教学活动具有一定的社会功能，通过实施教学，人类社会长久以来形成的知识、社会道德以及思想文化会得到有效地传递和继承；教学是学校开办教育的目的，以此来达到发展教育的目标；为学生们上课，进行全方位的教育，让他们的个人素质有质的飞跃，成为社会主义接班人。人类社会已有好几千年的发展历史，在长久的实践活动中，不断摸索和实验，并进行正确的选择，从前辈探索的各种经验中优中选优，从而将对学生身心成长最为有利的方法继承下来。课堂授课、户外实践、班级集体活动、参加献爱心活动以及参与家庭集体活动等方式，是当下广为应用的教育方式，在它们的综合作用下，全面推动学生的进步和成长。学生接受教育的方式多种多样，但是学校教学方式是最全面的，不但学习文化知识，还学习做人的道理，实现全面发展。

在原始社会，教学活动就已经出现。那时的教学行为和日常的生活并未分开，是互有包含的。换一种说法，那就是生活当中处处都有学习的机会和实践。随着人类社会的进步，经济水平提高，社会分工进一步细化，生活和学习相互分离开来。组织并进行各项教学实践，能有效推动社会的进步。宋代学者蔡沈对“教学”进行了注解：自主学习和接受别人传授的知识都是学习活动，将学习到的知识传授给别人，这也是一种学习活动。世界著名教育学家夸美纽斯的观点是，将自己掌握的知识向别人传授，自己也进行了一次学习过程，有助于知识的牢固。布鲁纳认为，教学是一种最佳的学习形式。俄罗斯教育家赞可夫认为，任何的教学活动都要具有主动性，这才能取得良好的学习效果。

在英语当中，表示“教学”的单词分别是“教”（instruction，teaching）和“学”（learning）。在二十世纪之前最为常用，是对老师的教学活动最为重视的时期；在上世纪初叶，进步教育逐渐被大众所接受，至此，老师的传授和学生的学习是同等重要的。在教育学中，将教学分为老师传授知识和学生学习知识两方面，老师是主动传授知识的一方，学生听课学习知识。教师在授课之时，会依照制定的学习计划，积极有效地指引学生能主动地学习并详细掌握人类社会长久积累的各种科学知识和技术，掌握知识本领，强身健体，培育良好的个人品质，为国家的发展、社会的进步贡献自己的力量。

二、课堂教学模式概述

（一）教学模式的概念

对前辈长期积累起来的经验进行高度概括的升华，这就是模式。也就是说，通过对多次发生的事项进行分析，从中能得出客观规律，全面总结能有效解决问题的各类经验。如果任何事物是多次出现的，就会有相应的模式。在英语当中，模式用单词“mode”表示，主要是指被研究的对象理论层面的逻辑结构，是介于理论和实践经验之间的知识内容，具有较高的可操作性，属于对理论内容进行重新展示的结构。

对于教学模式，大家并没有形成统一的定义解释。乔伊斯在其教学著作中提出，教学模式是对于课程内容设置、教材选取以及规范教师教学行为的计划和范式。巴班斯基的观点是，在长久的教学活动中，通过运用相关的教学方法所产生的整体性形式。何克抗等人认为，在相关专业理论的指导下，处于特定的教学环境中，教学活动的不同要素所形成的具有较高稳定性的构造模式，就是教学模式。冯克诚指出，它与教学结构相类似，通过发挥教育思想的指引作用所创建的相对稳定的教学流程及阶段。查有梁的观点是，通过发挥教育理论的指引作用，分清主次，从而能简单概述教育活动的组织形式，并应用于教育活动中去。除此之外，全面归纳教育实践活动，区分主要内容，就能有不同的教育模式，从而丰富理论内容。郝志军指出，通过运用教学活动所体现出的客观规律，并发挥教学思想的指引作用，所涉及的教学程序有较高的稳定性和可操作性。

通过对上述不同观念进行归纳总结，可得到以下内容：

（1）教学模式的创建，离不开教学思想及理论的指引，需要有相关的理论作为基础，并对教学活动进行持续性总结，源自于实践活动。

（2）教学实践活动要遵循一定的模式，属于教学实践的应用范围。

（3）新的模式一旦确定，则结构是非常稳定的，对教学活动进行有效指导，提高规范性，可方便操作。

（4）一个社会的各项需求，会在教学活动中有真实的反应。此外，教学活动还会受到阶级中各因素的影响，体现出一定的阶级性和不利因素，当人类社会发展的时候，这些内容也会随之改变。所以，这种稳定性需要从相对的角度来理解。

在以前的课堂教学当中，对教师的主导作用是极为重视的，但对于学生在教学过程中的地位却没有明确界定，没有充分挖掘学习的潜能。对教学模式开展的后续研究当中，一方面要对关于教师主导性的论文进行深入研究；另一方面也要对关于教学新内容的论文予以高度重视，这些文章包含了学生全面发展的各项内容。综合这两个方面的考虑，从而实现教学模式的不断创新，满足社会发展的实际需要。

（二）课堂教学模式概念

所有的教学活动都是通过一定的教学模式体现出来的，在教学思想的指导下创建的具有较高稳定性的教学过程及方式方法，不同要素包含其中，并有不同的组合形式。教学活动必须有一定的策略和计划，这是经过持续性的总结和优化而出现的。对教学活动进行总结归纳，得出教学模式对教学活动具有推动作用。因为所处时代、地理范围以及社会文化的不同，所以课堂教学模式表现方式和种类会有较大差异。

（三）课堂教学模式的分类

通过对课堂教学经验进行高度概括和总结，可以得到教学模式。除此之外，还可以进行理论假设，之后经过重复试验对其进行验证，从而得到教学模式。由此可见，教学模式一方面是对教学理论内容的具体体现；另一方面是高度概括归纳了积累下来的教学经验。在实际的课堂教学过程中，教师都有其特定的一个或者多个教学模式，来满足不同状况下的教学工作。教学过程中的两个主体分别是教师的传授和学生的学习。因为运用了不同的教学指导思想，各位教师的实际教学模式也不尽相同。南师大的吴也显教授指出，课堂教学的模式并不是固定的，通常情况下，在教学实践中，课堂教学有三种结构，对应着有三种水平高低不一的教学模式。第一类模式级别最低，在该模式下，学生的学习活动是单向的，死记硬背的内容比较多，仅对增强学生记忆力有所好处。通过课堂听课学习知识，学生记忆下来，并没有进行理解式记忆，教师的主导性在该模式中得到了最大程度的展现，而学生在教学过程中的地位被弱化，学习过程没有发挥主观能动性，这就势必导致教学效果的削弱。因此，这种模式单一使用是不可取的。第二种模式属于教师学生相互交流反馈的结构，老师实施教学实践，侧重于学习能力的塑造。老师毫无保留地将知识讲给学生们听，会产生潜移默化的影响，最终是协助学生培养自学能力。教师在进行教学活动时，会直接影响到学生对于学科的兴趣，因此通过相互的交流，可能让学生从内心对课业产生认同感，主动学习，这样就可以确保教师教学任务的完成。该模式比前面的第一种模式具有更高的效率，但是学生们学习的主动性也没有被充分发掘。第三种水平是教学活动的各方参与者，相互交流、共同分享学习经验。通过老师的一步步调动，学生认识到关键问题所在，并寻求正确的解决办法，在实践当中，教师的主要职责是最大限度的激发学生学习的潜能，开展独立自主的学习活动。当前大力推动学校教学改革，主要目的就是充分调动学生的学习积极性，凭借自己的力量开展独立的学习活动，并取得良好的学习效果。

（四）课堂教学模式的主要作用

完全遵循教学思想的指导作用，创建具有一定稳定性的教学程序和方式，这就是教学模式，属于教学活动相关的理论内容。从理论的高度上对教学活动进行有效的指导，这属于该模式的社会作用。由此可见，教学的理论内容和实践活动之间，通过实施这一模式，既有理论价值，又有实际运用价值。

1. 实践功能

为了方便人们对教学理念的认识并充分运用，通过使用课堂教学模式，能对其内容和结构进行简化。使用该模式，能帮助教学者更好地实现教学活动的目的，并对教学目标产生有效预期，该模式会随着教学理念的不同而发生改变。教学模式具有整体性，与教学活动的各类要素都会产生联系，它能使教学模式成为高度统一的整体。通过该模式，可以对教学流程、方式和效果进行全面的优化完善，对教学活动进行创新，充分实现教学模式在实践活动中的主导地位，从而全面提升教学效果。

2. 理论功能

实践是课堂教学模式的源泉，教学模式是实际的教学过程实施总结、概括、加工的成果，它展现了教学的普遍规律和内在本质。教学模式是在特定基础上而产生的一种产物，因此，从某种角度上来说，教学模式的层次性与教学理论的层次性相比是比较低的，但是与教学经验相比是属于比较高的层次。它不仅是单纯的表现已有的教学基础，同时还对已有的教学基础进行恰当的加工和整理，经过长期的检验和实践，并在理论上实施更加深入的系统化和规范化。课堂教学模式是通过对长时间教学经验和实践不断积累和研究、整理而成的；教育工作者更容易接受在各种实际课堂教学当中形成的教学模式。因此，它成了实践经验与理论之间联系的桥梁和媒介。从理论的角度来讲，各种教学模式只是提供了一个大概的架构，在现实的教学活动过程中，还需要老师进行更加深入的具体化、详细化，因此，也为创造性的教学提供了更多的想象空间。反过来，在教学实践上实施的多种改革在一定程度上又促进了教学模式的不断完善，最终将理论和实践完美地结合到一起，做到实践与理论的良好互动。

第四节　高职公共课程教学模式研究

对于类高职高专院校的公共课来讲，它承载了太多的任务，例如，根本理论、根本技能、根本能力以及基本的素养等任务，为学生的全面发展提供良好的服务。该类课程与学科型教育存在很大差距，它是以专业培养为目标的，课程注重的是实践与理论的良好结合，同时强调技术的应用性和职业性。所以高职院校在不断减小原有课时的前提下，怎样在课程改革当中提升教学质量，促进学生在职业技能上的不断发展是非常重要的。从专业基础课和专业课的角度来讲，体育、计算机应用、英语、社科等公共课程拥有一定的共同特征；但在公共课程自身的发展和建设当中，各个公共课程之间又存在一定的差异。因此，针对公共课程的研究并没有统一的理论体系或教学模式。例如，在公共数学课程的教学当中，形成了部分具有数学课特点的先进教学方式。《高等职业教育公共基础课程改革与探索》是目前针对类高职高专教学模式改革最为成功的经验，它结合了近十年的基础课程改革的经验，从制度保障、实施方案、理论探索等多个角度进行了详细的探讨，并且针对高职公共基础课程在发展前景、改革当中可能产生的问题进行了深刻的探讨，分别在体育、英语、高等数学、思想政治理论课上实施了拥有良好实用性的改革方案，同时指出了具体可行的管理制度；在高等数学的教学中拥有以教师为辅，以学生为主的多种教学方式，其中主要包含了交互式教学模式、阶梯型教学、任务型教学、综合型教学等。在思想政治理论的教学过程当中，主要运用了教学目标、教学角色以及“三合、两入、一透”的教学等多种模式；在高职公共英语教学当中主要包含了分级教学、任务型教学模式、CAI 辅助教学等。

第五节　国外职业教育外语教学的主要教学模式研究概况

外语教学模式是学习或阐述外语学习的根本功能、结构、特征、规律的模式。一直以来，众多教育专家和学者都将教学模式当作是教学理论当中的一种关键的外语教学模式问题来进行详细研究和分析的，在国外对于外语教学的模式主要有以下几类：

（1）由布卢姆提出的掌握学习模式，该种模式主要指的是在假设全部学生都能学好的基础思想的引导下，以集体教学的方式为核心，并且以经常性和及时性的反馈为辅，为学生提供更多的时间进行学习，进而使学生能够达到教学的要求并学习到更多的知识。

（2）非指导性教学模式，该种模式也被称为非窒息教学或非操作教学，其主要的教学方式是教师来促进学生学习而不是直接地传授知识给学生。该种教学方式将学生摆在了中间的位置，并且它将教学的根本要求设定为学生的自我实现。在该模式当中老师尽自己最大的能力为学生营造宽松、融洽、和谐的课堂氛围。从而使学生在学习的全部过程当中都能感受到安全与自在，从而最大限度地挖掘出学生的学习潜能，使学生能够获得正确的自我认识和超越。

（3）当前针对第二语言进行研究最为透彻、全面的理论要数克拉申模式。从某种角度来讲，他是对以往研究经验和理论实施的总结和整理。换句话讲，他是将各种研究分析过程加以系统化、理论化而使其成为系统性的理论。他还将该种模式划分成自然顺序、情感过滤、输入、监控、习得和学得五种假说。这些假说的主要功能是阐述语言习得的全部过程，提出个体的语言能力是在低情感的基础上，经过足够的理解输入，以可预测输入的方式进行习得的。另外，还有很多比较成功的教学模式，例如，蒂东尼语言动态模式、哈伯特学习交际模式、坎特林三个知识体系相结合的模式等。

按照国际上公共外语课堂教学模式，我们将这些教学方式划分为三种：第一种是课堂讲授模式。该种模式主要是以教师为核心，并且教师也是课堂活动的主体，在该种模式当中教学活动是以讲授形式为主的，学生的参与机会并不多。第二种是互相交流的模式。该种模式的最大特点是以学生为核心，在该种模式中，学生在整个课堂活动当中都是以外语的方式进行交流和沟通。课堂教学主要采用的是学生之间group-work或pair-work为主的交流实践活动，其中，运用最多的方式是老师提问、学生讨论回答、模拟情景、角色扮演等。该种模式的主要优点是在活动的整个过程当中参与者都必须热情、积极，在活动的过程中参与者也是不断地相互交流的，因此该种模式淡化了学生和教师的角色，并且教师在其中只是充当了协作者和组织者的角色。第三种是折中模式。该种模式的特征只适合于大学外语教学，这是因为通常情况下大学的班级规模都比较大，一般人数都在一百人以上；并且在该种模式当中保留了传统的讲授方式；它的主要理论依据是假定借助现代化的教学方式，使学生能够在课外进行语言的学习，获得更多的交流机会，从而提高学生对英语学习的热爱，最终实现教学的目标。

第六节　我国职业教育公共外语教学模式的现状

随着教育理论和社会理论的不断完善和发展，公共英语课堂教学模式的实践和研究得到了更加深入的探讨，在此前提下，国内的英语教育专家也进行了不断的改革和实践，并且取得了一定的成绩。当前在我国针对类高职高专的公共英语课堂教学模式主要有以下几种：

一、传统英语教学模式

该种教学模式包含了输出、练习、讲解。该种模式比较关注知识传授的系统化，在较短的时间内使越来越多的学生获得更多的知识，所以说该种模式拥有系统性强、信息量大、授课对象多等特点。该种模式当中的讲授法在很大程度上提高了学生的思考能力，并且在知识传授的过程中同时也传播了思想教育，从而实现了全面培养学生的目标。同时该种模式具有低成本、强通用性、效率高等优势，使得它在教育界中占据了非凡的地位。除此以外，该种模式也具有很多的不足之处，该种模式非常注重以教材为核心、以教师为核心、以语言知识为中心的教学理念。它运用了课本+黑板+粉笔的单一、枯燥的教学方式，却将语言表达的基本功能抛之脑后，没有关注到学生在教学活动当中主体地位的重要性，也没有引起学生对语言兴趣的培养和重视，提升教学的有效性，这是我们进行改革的关键点，也是改革的核心内容。

二、高职公共英语模块教学

该种教学模式主要指的是多个相互联系但不相同的功能部件构成的动态性的教学过程。在该种教学模式当中模块贯穿着全程。在该种教学当中，构成知识的多个不同的功能部件指的就是模块，它展现了相互联系但学习内容不同的知识内涵。在很大程度上模块为教学的组织带来了便利，同时也满足了教学的各种需求，从而提升了学生的整体职业素养。该种模式包含了教材模块化和课程设置模块化两个内容。其中，针对课程的模块化设计又划分了基础英语和专业英语两个部分，教材模块化又包含了专业英语课程、听说课程、读写课程以及其他的综合课程等多个内容，该种模块化的方式主要是将教材的内容按照每个单元划分成一个模块，并且每个单元都有一个主题作为核心，同时教程的所有内容也是采用主题的方式进行设计的。在课堂教学模式模块化的教学当中，紧紧围绕着课堂教学的目标，通过综合学生的有关学习内容和学习经验对学生进行译、写、读、说、听的整体水平的训练，从而促进学生知识的结构化。在该教学模式当中学生是教学的主体，同时也是主动建设者，而老师是促进者和指导者。并且注重学生和老师之间的协作和互动关系，同时在这个基础上形成课堂学习互动的教学方式。

三、多媒体辅助下的传统公共英语教学模式

目前比较新型的现代化教学模式是多媒体教学，该种方式也被称为计算机辅助教学，并且该种方式也是未来世界教育技术发展的主流，同时它也是教育界步入现代信息技术最典型的产物。该种方式具有生动性、创新性、直观性、多样性、趣味性等多种优势。并且该种方式能够将语言、音乐、声音、图表、图形以及文字等按照特定的逻辑顺序或事先的设定直观地展现给学生，在一定程度上改变了原来英语课堂耗时长、有效性差的状况。而且，该种方式在某程度上也激发了学生学习的积极性，促进学生学习的主动性。然而，在现实的实施过程当中，因为一些老师还存在错误的教学思想，多媒体辅助教学模式的实施难免会存在部分问题。例如，部分老师为了展现教学方式的现代化，在教学过程当中过多地运用多媒体。这些教师片面地以为，在教学过程当中经常性的使用多媒体，能够很大程度地提高学生学习的积极性，因此教学的内容也就更加便于学生的理解和接受，从而获得教学质量的提升。但是，事实上在该种形式的教学当中，存在忽视了教师主导地位和学生主体地位的可能性很大。还有

部分教师提出只有先进的教学方式，才能够保障先进的教学观念，于是出现了部分教师借助多媒体的现代化教学方式，继续着他的传统教学。综上所述，目前的教学活动当中依然存在一些不好的教学方式和方法。

四、“任务型”教学模式

最近二十年来，语言交际教育思路的主要发展形态是以任务为核心的语言教学思路。该种思路将语言运用的基础理念转变成为拥有实践意义的课堂教学模式。以任务为核心的教学模式主要指的是教师将教学的内容与课程的总体目标结合到一起，创新性地设计出与现实教学活动相近的教学方法来提高学生参与的积极性和热情。该种模式主要包含了三个部分：前任务、任务环、后任务，详细地说就是老师将任务布置给学生，然后由学生完成，最后在老师的指导下学生进行练习和分析的方式。但是，在该种模式下语言教学的课堂活动应当包含更加详细、更加实际、更具特色的内容。老师怎样将任务引入到课堂活动当中，学生怎样完成任务，最后老师和学生怎样进行有效的评价和练习都与学生的具体学习状况有着千丝万缕的关系。学生采用合作、讨论、调查、思考等方法运用和学习英语，最终实现学习的目标。

五、分级英语教学模式

该种模式是依据 2000 年我国颁布的《高职高专教育英语课程教学的基本要求》而设计出来的一种最新的教学方式，该《要求》是针对高职高专毕业生对于英语学习所设定的基本标准和要求，并且要求各个学校必须严格落实执行。因为当前我们国家成人高考学生和高职高专学生的英语水平之间存在很大的差距，步入学校以后这种差距更加显著，加上边远地区和经济发达地区之间也存在较大的差距，所以实行统一标准分类的方式，将教学内容和教学要求划分为 A 级和 B 级两类。A 级是基本标准当中要求最高的，因此，对于生源比较好的学校来讲，要在短期内实现该级要求的教学目标。然而，基本要求当中的过渡级就是 B 级，当前生源比较差的学校可以先按照该级的要求实施，但是随着教学条件的不断完善和生源质量的不断提升，最后还是要达到A级要求的目标。分类指导和分级教学这两个原则，在某种程度上保障了教学要求的前瞻性和先进性，同时也保障了教学的可操作性和灵活性。分级教学指的是根据学生测试所取得的成绩，将学生分为快、中、慢三个类型的班级，该种教学方式的主要目的是在遵循教学要求的前提下，使教学做到最大程度的因材施教，从而不断激发学生的学习热情和积极性，提升学生对英语的实际运用能力，让表现优异的学生快速的崭露头角，从而创造出和谐的竞争环境。

最近几年，国际上在对职业教育课程教学模式的改革方向上拥有相同的看法，也就是改变原来以理论为主，忽视实践，以及以学科体系为主，轻视工作能力的问题，最终实现以学问和实践为导向的教学模式，也就是将知识本位转变为能力本位的教育方式。所以，随着教学实践的不断推进，对于公共英语教学的改革也应由原来注重过级比例的模式转变为以学生应用能力为主的教学模式。与此同时，我们国家的教育模式也受到了国外教育方式的很大影响，例如，巴班斯基问题教学法、罗杰斯非指导性教学法、奥苏贝尔讲解式模式、布卢姆的掌握学习模式等，在一定程度上形成了一些具有中国特色的教育方式，但是大部分的教学模式都是多种模式的结合体。目前应用比较广泛的公共英语教学模式主要包含了任务型教学模式、自主学习模式，结合了以网络自主学习为主的英语视听说的模式、语言实验室的教学模式、211三案导学、互联网协助下的ESP教学模式等。其中，任务型教学模式是以构建主义理论、社会交互理论以及现场教学法为基础创建的具有生动性的教学方式；语言实验室的教学模式主要运用于英语视听说教学当中，该种模式包括了课堂教学模式、网络教学模式、模拟练习模式、远程教学模式、协作学习、个别化学习，很好地延伸了课堂理论知识，并且该理论还提出了课堂不仅包含了固定的场所，还包含了很多其他形式的课堂；在“211三案导学”课堂教学模式当中，211指的是上课时间的分配方式，例如，四十分钟的课堂时间，可以分配为3部分，前二十分钟老师用来详细讲解创设问题情景，中间十分钟用于老师与学生之间的相互交流，最后十分钟学生用来练习和反馈以及老师点评，该种模式将课堂时间进行了合理的分配，在一定程度上提高了课堂结构的升级和优化，该种模式广泛适用于中学教学当中，但对于高职英语教学来讲，该种模式也是非常值得借鉴和学习的。

根据时间的顺序可以将英语教学的模式划分为分级教学模式、公共英语模块教学以及传统的教学模式等。其中，最新的模式是分级教学模式，该种模式主要是按照学生的真实英语水平而进行分级的一种方式，该种模式主要是针对原来教学当中忽视了学生之间英语水平存在差异的问题而提出的一种解决方式，它的根本目的是因材施教。该种模式也存在一定的缺陷，主要表现在它只注重了学生个体之间的差异，却忽略了整体上的优化和教学质量的提升。所以我们应当以分级教学模式为出发点，针对高职公共英语课堂的教学方式实施更加深入地分析和研究。

第二章 高职院校公共英语教学的特点和原则

第一节 高职院校公共英语教学的特点

对于高职院校来说，其中心工作就是开展教学工作，因为高职院校教学的主体是公共必修课平台，那么其工作的一项重要组成就是开展公共英语教学，我们可以分析中职基础的英语教学模式，在此基础上，对高职院校公共英语教学的内涵和特征有一个大体的认识。相比中职基础英语，高职院校公共英语具有较高的教学程度。因此，要求具有较高的运用英语的能力，对学生的基础知识也具有一定的要求；相比普通高校大学英语教学，高职院校公共英语具有侧重点，具有独具特色的教学目的、内容和方法。为了更好地培养高级技术人才，需要开展高职英语课，它从岗位需求出发，对学生自身的能力有一定的要求，强调实用性、基础性和针对性，要求恰当平衡传授知识、提高能力和素质之间的关系。

通过分析高职教育及公共英语教学的特点，根据其自身的定位，提出如下要求：首先，重视提高学生实际运用语言的能力，并将其作为目标。为了使学生能够更好地适应今后的职场生活，需要着重强调教学内容的实用性和针对性。其次，重视学习语言基础知识和训练应用语言的基本技能，坚持“实用为主、够用为度”的原则，遵循教学内容，为学生更好地学习语言打下坚实的基础，不断优化学生的学习方法。在具备良好语言基础的前提下，提高学生应用语言的能力，坚持训练语言基本技能和提高语言应用能力并重。最后，为了确保学生能够更好地学习英语，为日后交际奠定基础，需要不断提高学生的听、读、写、说、译的能力。

第二节　高职英语教学的原则

为了更好地按照规律办事，人们在进行实践活动中所参考的方针、行动指南或准则就是我们所说的原则。它一头连接着理论，另一头连接着实践活动，在实际活动中往往会受到一系列规律的制约，需要坚持具体化的原则，当将总结的实践经验转化为规律时，需要对其进行初步抽象化。一个正确的原则一方面能够准确反映事物发展的客观规律，另一方面能够指导人们进行科学的实践活动，这也就意味着原则具有十分重要的作用。但是，原理会在很大程度上对原则产生影响，那么，不同的原理就会形成不同的原则。所以，在制定原则时应该明确其所依据的原理，将人文社会科学的研究成果作为划分依据，可以对原则的表述和衍生情况进行如下分类：

（1）经验总结型。主要是总结以往的实践经验，并将其理论化、抽象化的原则。

（2）理论衍生性。当产生一套新理论后，往往会衍生出其他具有系统化的原则，比如说：当提出系统论理论和控制论之后，又衍生出其他的原则，以及最优化教学原则等。

（3）移植其他学科的相关理论。比如说：在教学的过程中，移植政治学的民主性原则。

上述分类都具有一定的科学性，但是当判断新原则的科学性时，是否综合考虑了制定对象的情景条件和客观依据是唯一标准。也就是说，在探索的过程中需要遵循一定的规律，不仅如此，还需从实际情况出发。对于教育学来说，要遵循这样的原则，高职教育也是如此，高职英语教学上更是如此。总而言之，在《高职高专教育英语课程教学基本要求》的指导下，开展高职英语教学活动，从高职教育的本质特征出发，坚持教学的基本规律和一般原则，在此基础上，还需坚持如下原则：

一、职业性与基础性相结合的原则

对于高职教育来说，既属于职业教育，又属于高等教育的范畴，坚持职业性和基础性相结合的原则，能够充分展现高职教育高等性和职业性的双重特征，适应了社会发展的需要，能够满足学生今后的就业需要。在开展高职英语教学活动时，需要平衡好夯实基础知识和提高实用技能之间的关系，一方面加强理论教学的强度；另一方面提高实践训练的能力。

（一）夯实英语语言基础知识

所谓的基础知识指的是科学知识中的基本定义、命题、原理和方法等，基础知识之间存在着较强的逻辑关系，能够形成一个严密的知识体系。对于高职英语来说，其基础知识主要由英语词汇、语法结构和文化背景构成。只有具有扎实的基础知识，才能够提高学生的听、说、读、写、译的能力，才能在此基础上，进一步提高学生的技能。在《基本要求》中，相关高职英语的教学目标和内容的规定充分展现了对基础知识的高要求，强调注重基础理论知识的教学。就现在来看，高职英语面临的主要问题是如何教学生基础知识，以及教多少，而不再是是否教学生基础知识的问题。就知识层次来说，由三个层次构成，即：what（什么）、how（怎样）、why（为什么），前两个层次能够使学生达到识得性的水平，后一个能够使学生达到学术性的水平。对于高职英语教学来说，其主要目标是提高学生的技能，在基础知识的教学过程中，应该以基本词汇、语法结构和文化背景为主，无需过多探讨学术性问题。

（二）牢牢把握提高学生应用能力和基本技能的主线

对于高职院校公共英语教学来说，主要目标是提高学生的综合能力，它一方面需要体现高职教育高等性的特点；另一方面还需展现其职业性的要求，着重强调“实用性”和“实训性”。那么高职院校公共英语教师应该重视创设教学情景，增加学生的“实训”机会，增强练习力度，不断锻炼学生应用知识的能力，使学生能够在实践活动中应用所学的基础理论。简单来讲，对于高职院校来说，在开展公共英语教学活动时，应该尽可能组织一些教学活动，采取有效的课堂组织形式，为学生提供足够的锻炼机会，提高其听、说、读、写、译的能力，积极引导学生科学使用词典和相关的英语业务资料，能够进行简单的日常交流，为今后英语能力的全面提高奠定坚实的基础。高职院校应该牢牢握住这条主线，需要注意的是，知识的学习和能力的提高共处矛盾体之中，只有具备一定的理论知识，才能够提高技能，技能的提高，又有助于知识的掌握，能够为知识的获得提供更好的机会。高职院校在开展公共英语教学中，应合理处理二者的关系。

二、够用为度原则

在高职教育开展英语教学活动时，应该坚持够用为度的原则。奥尔特加•加塞特（Ortega Y•Gasset），著名的西班牙教育思想家，在他看来，人类若想有质量的生活，需要有一定的知识储备，但是儿童和青年的学习能力都相当有限，倘若儿童和青年的学习能够持续一百年，或者假设儿童和青年具有无限的智慧和精力，那么教学活动就不会存在。因此我们的教学必须以“儿童或青年无法学习和掌握所有我们希望他们能够拥有的知识”为前提。在高职院校的公共英语教学中，应该借鉴奥尔特加的分析，由于在高职教育的学习时间是一定的，并且学生的学习能力也是有限的，那么，教学效果在很大程度上取决于教学内容的容量以及各个学科的资源分配。

虽然高职英语教学并不能提高学生所有的应用技能，但是为了实现教学目标、提高教学质量，需要对高职英语的教学范围、教学内容的容量进行合理安排，那么就需要坚持够用为度原则。所谓够用为度原则，就是指高职院校公共英语教学只要教授适量的教学内容，使学生在不占用过多的时间和精力的情况下，针对他们未来工作中常用的涉外英语交际所需限定的交际范围，侧重英语应用技能的操练和培训，在 128～192 个课时内使学生的英语能力水平得到最大限度的发展。够用为度原则也可称为经济原则、效益原则。正如《基本要求》所指出的，“英语教学的一个重要目标就是夯实语言基础，但实现上述目标需要坚持‘实用为主、够用为度’的原则”。所以，教学内容应该能够满足学生今后的就业需要，在有限的时间里，使学生能够获得最具针对性的教育。“执行教导要与撒布种子一样，不要重量，要重质。”够用为度原则要求在高职院校公共英语教学的内容选取中要准确把握“够用”这个“度”：首先，这些内容应该是学生最缺乏的，对于学生听、说、读、写、译等技能的发展具有重要基础作用的知识；其次，这些内容应该是学生未来职业生涯中最基本最需要的内容。因此，必须在不随意超越《基本要求》中教学内容的大范围的“度”的基础上针对学生班级的实际英语水平，结合学生各专业的职业技能对英语应用能力的独特的基本要求，相应筛选教学内容进行教学，并进行相应的缩减。在进行高职公共英语教学中，充分结合学生的专业特点和要求。在高职院校公共英语教学中把握好够用为度原则，不仅是高职院校课程配置的要求，更是高职学生专业发展的要求。此外，还能够满足社会对高职人才的需求，在这种情况下，高职学生无需在学习英语方面耗费大量的时间和精力，也就不会影响培养其专业知识能力。现代的语言教学强调培养学生应用语言的能力，然而由于公共英语不属于专业课，往往不会设置不同的课程来专门夯实学生的语言基础知识和提高听、说、读、写、译等各项技能，并且每周 4～5 个学时就已经在很大程度上增加了学生的学习压力。所以，要根据高职专业教育与英语教学的时间分配进行内容调整，在讲授和实践练习上科学分配时间，侧重实践练习，练出应用能力，教出实际效果。

三、协调发展原则

全面发展原则和协调发展原则有一定的共同点，但协调发展原则又与全面发展原则各有侧重。全面发展原则强调德智体各方面的综合发展，强调发展的整体性、全面性。协调发展原则也注重各个要素的综合发展，但发展要素的侧重不同。根据《基本要求》的规定，英语应用技能主要包括听、说、读、写、译五项，与此同时还要求学生要在查阅资料的基础上与外国学者进行语言交流或是书面交流。这些技能实际上存在着两层含义：第一层含义是以能力为主，打好语言基础为辅。在处理日常的业务时对学生的实际能力要求较高，要求学生可以处理相关问题，而不仅仅是只会“纸上谈兵”；第二层含义是注重学生听说能力，并且协调好五者的关系。由此可见，协调发展原则在充分认同学生应该全面发展的基础上，提出要着重发展一些方面，更好地促进学生学习水平的上升。协调发展原则要求学生和教师在实际的教学环节中要处理好基础知识能力与应用能力的关系；处理好听说能力和读写能力的关系；注重发展学生的英语应用能力，可以通过各种丰富的活动激发学生学习英语的热情。

在高职教学中要贯彻落实协调发展原则，需要做好以下三个方面：①英语教学中应该使学生的各个方面都得到发展，切勿只单纯发展其中某一个方面，让学生对于未来的挑战有更多的应对空间；②英语教学中要重视实用能力，在长期的英语教学中，教师一般只重视学生的考试成绩，而忽视英语是一门语言，实用性是非常重要的。加强听说能力的培养，让学生的实际应用英语的能力上升；③结合专业，突出职业特色。在进行英语教学中，目的是让学生通过英语能力的上升可以开展涉外业务和学习国外先进的技术和经验。因此，在英语教学中要注重学生的听说能力，可以让学生与外国学者自由交流。同时在读写训练时，注重学生对应用文的训练，为更好地研究外国文献打下坚实的基础。

四、因材施教原则

因材施教原则指的是根据学生实际情况对其进行有针对性的、有差别的教学，使学生在最大程度上接受适合自己的教育，提高自身的学习成绩。在中国最早提出并将此原则落实到教学实际的是伟大的教育家孔子。孔子在对学生进行教育时会针对不同学生的具体情况，有的放矢地进行适当教育，其中有代表性的事件为子路和冉有对于“闻斯行诸”的概念的不同解释。高职院校的学生在英语学习方面呈现出高低不平的水平，在英语应用能力方面有着很大差异。这些巨大的差异要求教师在进行英语教育时应当采用因材施教的原则，针对学生的差异，有针对性的实施教学方案。但目前我国高职院校的以班级授课为主的授课形式，将因材施教的原则贯彻在教学中存在着巨大的困难。主要原因有：①班级成员太多，教师的精力有限，根本不可能充分注意到班里的每个学生。②学生的水平在短时间内无法认清，学生的学习处于不稳定阶段。但是我们可以根据教学实际情况，先将学生的情况进行总结，按照学习成绩、学生的各项能力、地区的差异等条件将学生分为不同的层次，这样针对每个层次的学生采取不同的教育方式。分层教学是对因材施教原则的具体实施，对教师的要求是教师要保证每个层次的学生都是旗鼓相当的，学习水平差距较小的。在具体实施分层教学时有以下三点要求：①教师可以通过与学生本人的沟通以及对周围人员的走访了解每个学生的特点所在，对少数差异化学生因材施教。②伙伴间的互帮互助也对提高成绩很有帮助。教师可以对同学进行分组整合，把整体分成小部分，由能力强者带领，小部分带动大整体，提高班级的效率与水平。③教师应时刻注意学生的发展状况，及时做出调整，保持整体活力，焕发精彩成绩。

五、学以致用原则

理论要结合实际，即学以致用。各大高职院校在公共英语教学中要求应合理处理好理论教学和实际训练的关系，也关系到如何组织教学形式的问题。根据语言学的规律，语言是一种慢慢锻炼出来的能力，要不断地练习与应用，方可牢固掌握。所以我们在高职院校的公共英语教学中，应该特别强调应用实践的重要性，理论知识要掌握，并且应该用实践去检验学习成果。所学应用到所用，学以致用，是实践验证理论的过程，是发展能力、利用规律的必由之路。

在我国古代，明末清初教育家颜元就十分重视教学与实践相结合的学以致用原则。颜元主张“以实济空，以动济静”。他反对“虚花无用”的教学内容，提倡结合实际的“践迹”教材。据此，他提出“习行”为主的教学法理论。他认为，要获得真正有用的知识，必须通过自己亲身的“习行”，“躬行而实践之”，“见理于事，因行得知”，“格物而后知致”。同时，颜元从“经世致用”的观点出发，认为人们获得知识的目的，全在于“实行”“实用”；他说，“学问以用而见其得失，口笔之得者不足恃。”颜元在理论与实践中做到了辩证统一，对今天的高职院校公共英语教学仍然具有很强的指导意义。

在教师的教学活动中应该秉承以下三个原则：一要把所知的教育教学理论与学生的接受水平结合起来；二要让学生把所学的知识同现实应用完美地结合起来；三是与时俱进，要时刻关注好现实动态，将所学应用到实践之中。这正是学以致用原则需要遵循的。从学习的目的来说，实用应该是第一位的。教师教授知识，并不单单只是文字的传播者，而是要让学生领会其中的含义，不断地练习熟知，加以运用，最终能在实际需要中发挥所学，进行交际操作、使用，培养自身的实践能力。从目的和内容上来讲，要所学为所用，发展学生的操作技能，锻炼学生的交际、写作、阅读技能。从过程和形式上来讲，主要通过实践训练提高学生语言应用能力，把语言学习视为一种操作训练，不断加以练习强化。在教学中，应对学生进行大量的训练，让学生自己操作练习，教师帮助纠正错误，学生不断地练习，转化知识，应用实践，慢慢培养这种学以致用、理论结合实践的能力，对以后适应社会有很大的帮助。

综上所述，我们可以了解高职院校公共英语教学中的几个要点：因材施教，协调发展，职业性与基础性相结合。这些要点相辅相成，达到最后的学以致用。因材施教是基础，为高职院校的教学提供了基本的教学方法。协调发展是过程，这是一个不断发展不断改变、时刻联系实际的过程，要有洞察实际的能力。职业性与基础性的结合是升华，对教师的能力、知识、素质等各方面有着严格的要求。高职英语的教学以学以致用为最高目的，这也为教师教学提供了一个科学的发展方向。

第三章　高职院校现有公共英语教学模式研究

第一节　高职公共英语主要教学模式的概述

在不断发展的教学模式中，我国高职院校的公共英语的教学模式被很多学者所关注和研究，它的教育理论和教学观念在不断地发展与进步，主要有以下几种：

一、高职公共英语的传统教学方式

灌输式和整体注入式的教学方式一直存在于传统的高职院校的公共英语教学课程中，尤其突出的现象是老师一人支撑课堂，纯粹围绕着书本和教案讲授知识点，学生并没有消化课堂知识却在做笔记。英语单词和语法知识是英语授课重点，方式是教师主讲，只把应对考试当作教学的唯一目的，这样的后果就是学生的英语基础知识不能为自己的专业所应用，也完全背离了高职学生的专业和学习系统。

二、应用多媒体教学的高职公共英语教学模式

和长久以来的教学模式相比，以多媒体为主的新型公共英语授课方式具备较大的有利条件。它的特征是通过投影仪、互联网、计算机等设备，构造一个开放的、利于资源共享的平台，老师把多媒体课件存储在电脑中，讲课时用视频、音频等讲授课件内容，由于多媒体网络本身的优势，可时刻更新授课内容，便于学生学习英语。

三、高职教授课程将公共英语“模块化”

高职院校的公共英语课程采取了分模块教学进行，主要以每个单元为单位，课程核心为既定的主题，以此安排模块任务；不同模块包括“综合”“读和写”“听和说”等内容，各自均有侧重点；以及依照课程目标，在听、说、读、写、翻译等各方面凭借经验提升学生的综合能力，由此建构出完善丰富的学科框架的授课模块。在教育理念、方法和内容上，它有别于传统的教学模式。在教育理念上，围绕素质教育以知识和实践的结合为重点的模块化教学，不同于把知识的讲授作为重点，一切围绕知识的传统教学方式；在教育方法上，以情景再现法和实例指导法为主的模块化教学，不同于以直接翻译和老师主讲的传统教学；在课程内容上，对于理论与实践无明确界限的模块式教学，不同于理论和实践区分明显的传统教学。这样模块化的教学方式更贴合学生的实际，做出对应模块的英语教学，从而提高学生的英语学习与运用能力。

第二节　高职院校公共英语教学模式的必要性

一、高职院校公共英语的教学目标

培养出一批高级人才即能够在基层的工作岗位前线奋斗、把高端的技术手段和管理模式投入到生产与服务当中的高级技术性人员是现今高职学校的目标。这也是高职院校制定公共英语教学目标的凭证。《高职高专教育英语课程教学基本要求》在2000年就有规定，高职公共英语的教育理念标准是让学生通过180～220的课时熟练学习英语的基本知识点，并且具备相当的听、说、读、写、译的技能，由此依据英语词典来阅读并理解英语的专业资料，并且在实践运用中能借助英语口语表达以及书面上的交流沟通，为英语能力的进步奠定基石。

二、正确定位高职院校公共英语教学

通过对高职公共英语教学特点的分析，将其定位在与专业相关的职业能力之中，注重实际运用，使之能与相关专业紧密结合、与岗位相适应，从而达到高职院校的教育目标和高职英语的教学目标。写、听、读、说、译是高职英语教学中重要的学习板块，在实际教学中应当依据所学专业进行有比例、有选择性的学习。例如，建筑工程管理专业的学生应能看懂国外的建筑工程图，并能与国外的相关专业人员进行交流，所以他们只需在英语教学的过程中注重听、说两方面。高职公共英语教学是公共基础性学科，要正确定位高职公共英语教学，将基础知识与专业知识紧密结合，在最大限度上发挥高职院校公共英语教学的作用。

三、高职院校公共英语教学的功能

随着现代社会的不断发展、国际交流的不断深入，英语有了越来越重要的地位。无论是学习中的资料查找还是生活中的网购、旅游、娱乐都离不开英语。所以进行基本的、专业的英语学习尤为重要，这不仅能使学生更好地掌握专业知识，还能使学生增强自己的竞争力，使其更好的就业。高职院校培养的是专业性人才，这就要求学生要精通专业知识与行业技能。在学习中，经常要进行学术交流与资料查找，这就要求学生要具有很高的英语水平，才能够轻松阅读外语论文与资料，才能更好地进行钻研与探究，最终提升学习的质量。所以，高职公共英语教学在学生的专业学习中具有极其重要的地位，有必要建立合理有效的教学模式去促进高职公共英语教学的发展，提升高职英语教学的水平。

第三节　高职公共英语主要教学模式存在的问题

一、忽视应用技能、忽略自主学习

一味地对学生进行课堂灌输是不对的，这削减了学生学习的积极性，使教学质量得不到提升。因此在英语教学中，应使学生自主学习，将课堂留给学生。采取小组学习的模式，将课堂知识分配给小组，使学生自主学习，进行课堂交流。这样就能增强学生的自主学习能力，教学质量也会大大提高。除此之外，在英语教学中，还应更加注重应用技能的学习，减少死板的基础训练，投身于实际应用中，增强学生服务专业的意识与能力。

二、不以学生为主，课堂效率低下

以往的教学经常采用多媒体授课的形式，教师讲课过快、没有课堂板书、知识电子化等问题使得教学内容繁多却不能被学生很好地理解与吸收，忽视了学生的主体地位，从而使课堂效率低下、授课质量不佳。所以，教师在授课的过程中应注意授课的方式，不能仅仅依赖课件，要注重与学生的交流，及时了解学生的学习情况与接受能力，依据学生的听课状况改变教学节奏。另外，课件的制作技术要提升，并注意提升课件的质量。只有以学生为主体，明确学生的需求，才能使学生有更高的课堂积极性，从而提升课堂的质量与课堂的效率。

三、英语教学更为分散，课程融合性较低

虽然模块化的教学能够在基础英语和专业英语的结合方面发挥重大作用，但是在发挥作用的同时也容易产生一定的问题，比如说：使得公共英语的整体被分离；降低听说读写译之间的联系性，不利于学生学习更为全面整体的知识，除此以外，也不利于专业技能的培训，降低了教学和职业化岗位之间的联系。

第四章　高职院校公共英语课堂教学的现状

第一节　高职英语教学改革取得的成绩和经验

一、明确高职英语改革的目标，确定长远的指导思想

经过长时间的发展，高等职业教育的改革取得了新的发展。另外，在对职业教育的发展和改革进行了总结之后，高等职业教育迎来了发展的春天。近年来，国家进一步推进高等职业教育的发展，为其创造条件，并确定了高职教育改革发展的原则、方向、指导思想以及基本内容等。2002 年，在高职高专英语课程教学方面，教育部高教司对其提出了基本要求；为了配合该要求，在 2007 年正式颁布和开始实施《关于高职高专教育英语课程教学的基本要求（试行）》文件。该文件指出，在高职高专英语课程的教学过程当中，应当确定准确的教学目标，也就是应当把学生实际运用语言能力的培养放在最重要的位置，教学内容要根据目标来制定，要有一定的针对性以及实用性。就目前来看，在高职高专教育过程中存在着以下几个方面的问题：在英语水平方面，每个学生的水平都不相同，因此需要展开分级教育。除此以外，在词汇、语法以及听说读写译等方面又进行了具体要求的规定。从本质上来讲，就是要实现其实用性。上述内容的存在为高职英语教学的改革提供了条件，指明了方向，有利于改革的顺利进行。

二、高职教育需要和自身相适应的英语教材，所以随着教学内容的不断改革，新的英语教材也得到了出版

教学内容是改革的重点，主要进行的改革内容如下：不再使用原有的教材，在之前所使用的普通高等学校的教材当中，是把基础英语教学作为主要内容来展开教学工作，这在很大程度上难以满足高等职业教育教学的要求。因此，在遵循实用为主、够用为度原则的基础上，和高等职业教育要求相适应的英语教学内容得到了发展，和高等职业教育相适应的书籍得到出版，例如，《基础英语教程》《高职高专英语教材》《新世纪英语教程》等，此类教材的出版有利于不同性质的高职院校选择适合自己的教材。另外，有些院校根据自身的实际以及专业的要求等对教材进行了实践性的补充。

三、形成了“学生为主，教师为辅”的教学观念

在教学中，老师只是起到了引导的作用，学生积极主动地进行学习。另外，在德、智、体、美等方面的发展也更为迅速。在教学过程当中，学生的主体地位得到了应有的尊重，在知识的获取上，并不是被动的。学生们主动获取知识，是一种心理不断成熟的表现，是在社会环境的影响下而获得的一种成长。与此同时还应该达成如下共识：为了教学活动的顺利开展，教师应该发挥其主导作用，促进学生积极性的提高。在学生为主体，教师发挥主导作用的教学模式下，学生学习的主动性和积极性都会获得很大程度的提高，有利于实行能力本位教学模式的进一步发展。

四、探索出了新的教学模式或教学方法

经过一定时间的探索，得到了一些新的教学方法。比如说：对学生进行启发，促进他们展开讨论的教学方式；采用多媒体和网络等工具展开教学的方式；学生之间相互促进，展开互动的教学方式；对学生实施分层教学的教学方式；

实施情景教学的方式；把学生作为任务中心的教学方式等。还包括如下方法：角色、课外演讲、整合式、情景以及环境教学法等。

五、测评考核的内容、方式相应得到改变

在之前对学生进行评价的方式主要是：对学生进行期末检测，用期末考试的成绩单来对学生展开评价，这种评价方式存在着一定的缺陷，只是对学生进行了甄别和选拔，而忽视了对学生的激励等。只看重结果忽视过程的评价方式不利于学生的健康成长。另外，也会使学生在自我认识方面产生一定的偏差。就目前来讲，有些高职院校开始对考试模式进行改革，在笔试的基础上，还增加了实践操作以及作品展示等内容来对学生进行评价。对学生进行评价方式也更为多样化，在过程化以及终结性评价的基础上，增添了小组评价以及自我评价等内容。

第二节 高职院校公共英语课堂的整体状况

秉持着高职院校公共英语教学质量的目的，有相关调查组曾做过为期一个月的不记名形式的网上调查。主要的调查内容是：师资、招生以及教学质量、教学硬件、教学以及学生管理水平等。此调查为高职院校教学质量的提高以及改进等工作的开展提供了条件。

该问卷共发放了 465 份，其中在“在你看来，你们学校在校生的质量怎样”一题的选择中，认为生源质量一般、较差和差的人员分别占 36%、41%以及 5%，而只有剩下的少部分人员认为在校生资源较好或者好。有一半多的人员认为自己所在的学校在教学资金的投入方面比较差，还有 18%的人认为差。

在学校硬件设施好坏的选择上，四分之一的人认为差，32%的人认为是比较差，只有在 28%的人眼中，教学设施是一般的。在所有的被调查者当中，在师资素质的评价方面，将近四分之一的人员认为师资素质是比较好的，除此以外，

认为师资素质一般、较差以及差的人员分别占 43%、27%以及 6%的比例。

在课堂教学方面，学生认为老师的课堂教学效果较好的仅占 18%。与此同时，在被调查的人员当中，反映了如下现象：在课堂教育当中，更多的是把老师作为中心，而学生的主体作用难以得到发挥，课堂上以及课堂外的交流也比较少。

在教师和学生之间的交流方面，大多数人都认为交流较少，只有少部分人认为交流比较多。近一半人员认为高职教育在资金的投入方面较少，而且教师质量达不到应有的要求。

在三分之一的人看来，当前所学的专业难以适应以后工作的要求，认为在专业设置上，学校采取因人而设专业方式的人员占 18%。

根据调查结果得出：在专业的设置方面，近一半人员存在意见，另外，明显表示不满意的人员有 61%，65%的人对教材不满意，而且在他们看来学校所使用的教材还存在一定的问题。将近 50%的人员认为，在教学过程当中，应当增多实践操作型内容。42%的人员看来，学校所开设的课程并不多，其中，在 39%的学生眼中，课程内容和教育要求不符。在课程设计方面，有 27%的人员认为，课程设置应该增加一些新意，18%的人觉得课程内容单一。

在教材的选用方面，37%的人员认为教材内容冗杂，另外，认为教材内容跟不上时代要求、不实用比较理论化的人占 38.6%，有 27%的人认为教材内容少而且太简单。只有 38%的人喜欢学习英语课程，28%和 3%的人分别认为英语不得不学和学不学英语都没有太大的关系。

在对英语学习目的展开的调查当中，仅仅有四分之一的学生认为专业的学习需要英语的支持，两者是相互影响的，可以共同发展，有一半人员认为获得英语证书会对就业起到促进作用，有将近四分之一的人认为没有学习英语的必要（在此次调查当中总共调查了 224 名学生）。

第三节　高职院校公共英语教学现状的原因分析

通过以上的调查和研究，我们可以看到高职公共英语还存在以下四个方面的问题：

一、高职公共英语的教学目标与培养目标不相适应

目前高职公共英语的教育主要为应试教育，因为评判学生英语水平的标准就是通过考试，所以在教学中教师讲授的都是语法功能、理论基础与答题技巧，以便使学生通过三级考试。这样虽然可以增加考试的通过率，但不能从根本上帮助学生走上就业之路，不能为学生以后的工作内容服务，不能实现高职英语教学的意义。这不仅忽视了英语教学的价值，也难以树立正确的、具有高职特色的人才观与教学观。而高职院校主要培养的是专业性人才，高职公共英语应具有职业性，学生们通过英语学习需要掌握一些基本的技能，以便在以后的工作和学习中可以轻松地阅读外文材料、进行技术交流、处理技术难题、进行社交活动，从而提升工作效率，进而又促进社会经济的发展与进步。所以，高职公共英语是针对专业技术而进行授课的，它的目的是进行专业化教育、解决专业性问题，注重的是实际运用，解决的是实际的问题。《高职高专教育英语课程教学基本要求》也明确了“实用为主、应用为目的”的教学理念，注重培养学生的语言应用能力。统一“三教”的教学要求，使学生掌握专业技能，并能够以英语为工具，进行资料查阅与技术探究，多训练“写、听、读、说、译”这五方面的能力，使学生能够进行涉外交际与业务活动，提升业务水平，从而为以后的学习与工作打下坚实的基础。

二、高职院校的生源复杂，英语水平不尽相同，教育难度大

近些年，随着高职院校不断扩招、高等教育不断大众化，高职院校的生源更加复杂，人才培养的规模也逐渐变大。笔者通过对其附近高职院校的调查与研究，发现院校所招的学生不仅有三校生即职高、中专、技校毕业生，也有高中毕业生。高职院校与普通高中院校不同，它们在教学方式、教学目标、教材选择、课程设置、教学评价等很多方面都有较大的差异。通常情况下，普通高中注重授课知识的理论性，讲授的都是基础知识、科学理论，所以普通高中毕业生在语文、英语、化学等传统课程上的学习效果优于高职学生。而高职院校则注重实际运用，重视对技术的掌握以及对技术的熟练程度，所以高职学生实际运用的能力更强，而对理论的理解就相对薄弱。从英语考核的结果中可以看出，高职学生的英语水平普遍不高，且有很大的差异。加之基础差、学习死板，仅仅依靠背诵记忆的方式进行英语学习，没有系统的学习方法，学习的效率低下。还有一些学生对英语学习的态度有误，仅仅想通过考试，并不把英语当成促进自己学习的工具，不注重英语的实际功能。这些都导致了英语教学的质量与效果不佳，不能体现出英语教学的真正意义，给英语教学带来很大困难，从而使高职院校的英语水平停滞不前。

三、师资力量薄弱，教师能力有限，课程质量不佳

黄秋明和肖珍教两位老师都认为很大一部分原因是教师的课外兼职较多，不能将全部精力投入到教学中去，导致授课质量低下。除此之外，很多中专通过“三改一补”升格为高职院校，以前的教师继续授课，没有新的教师资源，师资力量没有改变，从而教师力量相对薄弱。并且教师工资较低，没有其他收入来源，教师的心理压力较大。所以教师只能通过课外兼职增加收入，这就使得教师无法投入足够多的精力去备课与授课。学校方面也缺少相关的规划，在教师培养上没有做好相关工作，没有定期对教师进行培训。这就要求相关部门加强对学校的管理，提升教师的工资水平。学校方面也应做好相关规划，注重

对教师的培养，并引进新的师源。关注教师心理，及时帮助教师排解压力。从而使师资力量壮大，促进高职教育的发展。

四、教学模式传统，缺乏创新性

目前的教学模式仍以教师为主，主要靠教师为学生灌输知识。教师讲课速度过快、内容较多，使得学生不能更好地理解学习内容，从而使课堂效率低下、授课的质量不佳。这忽略了学生的主体地位，使学生处于被动的地位，学生缺乏对学习的热情，导致学生的积极性低下。所以教师在授课的过程中应注意学生对知识的理解状况，注意授课的方式，及时与学生沟通交流，并随时了解学生的学习情况与接受能力。还可以采取小组学习的方式，增强学生学习的积极性，提升教学质量。除此之外，还要树立正确的授课观与质量观，对传统的教学模式进行改革，在传统模式上加以创新，形成新的授课模式，使教学水平不断提升，促进高职院校的发展与进步。

第四节　提高高职英语教学质量目前存在的问题

一、教材不能满足需求

新教材的出版，使高职院校不再沿用普通高等学校的基本模式，开创属于自己的授课内容。但高职院校专业较多，各个专业的需求不尽相同，且高职院校生源复杂，学生水平差距较大。除此之外，学校的设施也不完善，所以现有教材并不能满足需求。现阶段需要更为多样的教材，以满足不同专业、不同水平的学生进行学习，尤其要编写专业性的教材和专业英语教材，例如电子题库、电子教案等。这样才能使高职英语的教学更为完善，从而促进高职公共英语的发展，促进高职院校的进步。

二、高职院校学生英语水平参差不齐，忽视英语学习重要性

高职院校学生英语水平参差不齐，很多学生缺乏学习英语的兴趣，学习积极性不高，并没意识到学习英语的重要性，这也是当前阻碍高职英语教学效果提升的关键因素。在很长的时间中，依然会延续这种状况。尽管当前有诸多高职院校开始尝试分层教学，但试验的范围极小。所以，我们建议全面推广分层教学，采用多样化的教学方式，全面促进高职英语教学效果的提升。

三、教师还无法完全适应全新的教学方式

大多数的高职院校都是由中专学校转型而来的，近年来建立的高职院校越来越多，教师数量也在不断增加，教师的整体教学水平并不高，很多老教师依然延续旧的教学方式，对新的教学方式与理念适应性极弱，很多新教师教学经验不足，所以对教改的适应性也极低。因此，我们建议高职院校必须定期举办教学改革的相关培训活动，将新的英语教学方式、教学内容传递给所有教师，从根本上去提高英语教学水平。教师培养并非一朝一夕可以完成的，是一个逐渐完善、成熟的过程。所以，教师的培养并不只注重于职前学历培养，而是对教师整个教学生涯的培养。职业教育与社会实际需求相符，在不断更新的社会，各种高新技术融入我们的工作与生活当中，所以职教教师需要的培养必然是终身性的。在教学过程中，职教教师遇到的问题层出不穷，所以培训需求也是多样化的，在培训过程中，应当结合教学实际情况制定个性化的培养方式，切实提升职教教师的教学能力。职教师资培养应当结合教师的专业成长规律，有针对性地制订个性化的培养方案，保证职前职后保持一致。只有将新的教学方式、教学理念传递给教师，并且落实到课堂当中，才可切实提升教学质量。

充分发挥教师的主导作用，教学以学生为主，以教师为导向的方式进行，教师的工作压力不减反增。教师已经不仅仅起到传授知识的作用，还需要将教学内容进行整合，将教学重点、难点知识归纳整理，以提高教改的适应性。

分层教学的实施，新教学方式的试验，制定以应用为核心的教学目标，教师需要付出的时间、精力更多。所以，教师的人数要适当增加，也是适应教学

改革的重要内容。否则，目前的师资并无法与新教学模式相适应。

四、高职教育呈现多元化发展特征，当前的教学设备、实训基地已无法满足其发展需求

英语并非本国母语，所以使用环境、应用情境都与母语有所差异。因此，在英语教学中适当增加多媒体、投影仪、DVD、网络等设备是必要的，并结合实际的教学需求创造更多的应用条件。将现代化教学设备的作用发挥到极致，让学生在学习过程中还可以感受不同的视觉、听觉冲击，营造良好的学习氛围，提升学生的学习积极性。

五、教学管理方式无法跟上教改的节奏

新的教学改革使得传统的教学方式发生翻天覆地的变化，师资团队、培训方式、课时、教学场所、考试、测评等多个方面都发生了极大改变。实际上可以说，教改在一定程度上提升了教学管理难度。在此背景下，高职院校管理人员所需要承担的责任越来越重大。如无制定合理的新教学管理方式能够与教学改革相适应，以上所说的改革内容都属于空谈。管理也需要同教改一起改革，才可达到教改的预期目标。

第五节　高职院校公共英语教学改革

关于高职学院英语教学的主要目的，教育部在《高职高专教育英语课程教学基本要求》（以下简称《基本要求》）中就有明确指出，英语课程安排共计180～220学时，学生在此教学中可以掌握一定的英语基础知识，可具备一定的英语听、读、写能力，通过参阅相关的词典与翻译材料，基本上能够应对日常涉外交际以及业务活动，为自身今后提高英语交际能力奠定扎实的基础。所以，

将学生培养为能用英语进行日常交际与专业交流的高素质人才，跟上全球经济发展节奏，是当前高职英语教学的主要目标。在今后的教学中，必须紧扣该目标，有针对性地深入探索高职英语教学的方式。

一、问卷调查分析

此次问卷调查对象为贵州某高等专科院校的2014级新生，新生中包含护理、影像、临床、卫生信息等专业学生。此次问卷形式为不记名，共发放422份问卷，实际收回402份有效问卷。问卷调查主要内容为学生英语基础水平、英语学习障碍以及英语学习需求等。从调查结果可以看出，当前高职院校的公共英语教学存在诸多问题，经过分析研究总结出几个高职院校公共英语教学存在的主要问题：

（1）学生英语能力参差不齐。高职院校的学生来自全国各地，不仅有普通高中的毕业生，还有来年春季与自主招生进来的学生。再加上近年来的高职院校招生制度不断发生改变，如今的高职院校中很多学生都是中职学校的学生。在正常情况下，高中毕业生具有良好的学习习惯，但由于学生个人成绩参差不齐，在被调查的学生当中入学考试的英语成绩最高为108分，最低为26分。春季与自主招生的学生英语能力极弱，词汇量极少，表达能力弱，学习积极性不高，还有一部分学生并不喜欢读书。所以，很多新生入学后存在极大的英语水平差异。

（2）学生英语使用能力极弱。调查当前学生存在的学习障碍，调查结果得出，选择英语听力、口语的学生占87%，与阅读、写作相比较，此障碍是当前高职学生英语学习的最大障碍，部分学生还反映在未进入高职院校之前并无经过英语听说训练。该情况离不开学生在初、高中阶段的英语教学方式。尽管当前初、高中都将素质教育作为教学目标，但很多学校为了提升升学率依然将教学重心放在教师上，以传授学生词汇与语法为目的。让学生不断增加习题量来提升英语成绩，学生无法切实提高语言应用能力，就成为想听课听不懂，想回答无法回答的情况，要想进行英语交流就更是难上加难了。

（3）应当不断强化医护专业英语教学。据问卷调查结果得出，调查的学生中有94%的学生认为应当提高医护专业英语重视度，认为当前的英语水平还无法胜任职场交流工作的占86%；有57%的学生认为应当将基础英语与专业英语的教学时间设置一致；认为基础英语比专业英语重要，应当增加教学时间的只有21%的学生。

上述调查数据表明，当前有极大多数学生希望能够适度提高专业英语重视度。但是，在实际教学过程中并未落实到位，专业性的英语课程教学资源匮乏，与基础英语还无法进行无缝衔接。

二、对策探究

在《基本要求》中明确指出，英语教学的重心在于先打好语言基础，提升英语实用性，保证英语能力能够应对日常交流与专业工作。结合当前高职学院英语教学存在的问题，将强化基础、提升实践能力作为今后教学的主要目标，具体改革方式包括以下内容：

（1）采用层次化教学模式，奠定扎实英语基础。当前学生的英语能力参差不齐，针对这一差异应当将《基本要求》全面贯彻到高职学院英语教学当中，采用层次化教学方式，保证每一位学生都可切实提升英语水平。首先，应当进行新生入学英语水平测试，通过将英语测试分为单词、语法、听力、写作等多个模块，并且将测试分为高、中、低三个难度。以学生高考英语成绩为英语难易程度模块选择依据，保证可以准确测试出新生的英语掌握情况。并以测试成绩为主，来确定后期如何进行教学。其次，应当将教学资源库分为单词、语法、听力、写作等多个模块，提高教学的针对性，结合学生的实际英语水平将教学内容划分成基础、强化、冲刺三个梯度。结合各个班级学生入学时的英语成绩来选择适宜的英语模块教学，针对不同的学生制定不同的教学计划，期末测试题目也分为多个层级，制定有针对性的课堂教学计划。同时，还结合模块开设了听力、语法、阅读、写作四个辅导班，结合学生的弱项来选择适宜的辅导班，逐一打破学生的英语弱项，解决学生的英语水平差异的问题。采用模块化的教学方式，可以真正实现以人为本的教学。

（2）课内外内容紧密联系，体现英语教学的实践价值。英语最大的实用性是体现在交际沟通中。无论是平时的生活交流，还是工作需要，学生使用英语的主要机会还是在于交际沟通上。可以说当前的高职学院学生，英语听说能力是较为薄弱的，提升他们的英语应用能力关键在于提升听说能力。所以说，当前高职学院公共英语教学的改革重点是将听说能力培养放在教学的重要位置，将课堂教学与第二课堂紧密相连，提升学生的英语应用能力。

①将学生作为课堂中心，加大实践教学力度。在课堂中引入多种教学方式，例如情境教学、案例教学、角色演练等。教师渐渐地将英语课堂打造成全英课堂，减少英语课堂的中文使用率。高职学院又安排三个学期的英语教学，第一学期课堂使用中文的概率占一半左右，第二学期课堂使用中文的概率占 30%，第三学期基本上是采用全英课堂教学模式。为了将学生的课堂主体地位凸显出来，同时提升学生英语口语表达能力，就应当让学生在课堂中积极发言，每一学期都确保学生的课堂发言时间，让学生可以在发言过程中提升个人口语表达能力。应当将应用作为教学评价体系的重点理念，将重心放在学生英语应用能力、交际能力的评价上，评价内容应当包含学生的阅读能力、写作能力、听力能力等。除了基本的笔试考核，还需要增加口语考核，对学生的音准、听力、口译等各方面水平进行测试，采用多样化的测试方式，如情境测试、看图说话、口头作文等，以此来提升学生英语的综合水平。

②联合第二课堂，不断开展英语实践活动。课堂教学时间是有限的，为了将课堂中无法传授的能力较好弥补，可以根据实际情况开展多样化的第二课堂活动来提升教学效果。具体可以通过建立无线英语广播电台，安排每天 4 次的播放时间，播放内容包含英文歌曲、趣味英语、英文短剧等；与校学生会联合举办英语演讲、写作、歌曲等比赛活动，让全校都充满浓厚的英文气息。在活动开展过程中可以感受到学习英语的乐趣，感受到比赛成功的愉悦。

（3）加强医护专业英语教学力度。所谓的职业教育，自然就是以今后的就业方向为导向，教学以服务为宗旨，以培养用得上、留得住的具有良好职业道德的人才为主要目的。我们可以清楚地认识到，当前的高职学院公共英语教学都是为了学生今后就业做准备的。所以，高职院校的公共英语教学必须要展现特点，结合高职院校教学目的，将教学与实际的专业需求相融合，切实提升医护专业英语教学的实用性。

①将专业英语教学与基础英语教学紧密相连。将医用的专业英语术语加入到第二学期的公用英语教学中。结合学生实际情况，适当地加入医护专业常用英语词汇，为其奠定扎实的专业基础。将护理英语口语与医疗英语口语相关知识加入第三学期的公共英语教学中，联系实际的工作流程，制定合理的工作任务，将常用的病情记录、诊断、治疗相关的英语专业词汇贯穿到教学内容中。并针对专业英语开展选修课程，将相关的英语知识加入到课程内容中。采用分层教学的方式，将培养重点分为听、说、读、写四个方面。护理专业学生在今后的工作岗位上英语使用最多的为口头交流，就应当将听、说作为其培养重点。医药专业的学生更需要去学习药品说明书的看法，所以读、写为其的教学重点内容。将此专业的学生阅读说明书能力提升，就是提升专业技术能力的过程。同时，任课老师还应当对学生的专业课程学习情况进行详细了解，结合当前的专业内容，制定科学的教学计划，将公共英语与内容进行有效链接。

②联合校内实践与医院实习两个指导内容。为了将院校的学生英语能力切实地应用到实际工作中，将今后的实际工作中可能遇到的与英语相关的问题进行有效解决，结合学生的实际情况，开展英语知识竞赛、朗诵大赛、临床模拟演练比赛等多种活动。这就需要外语教师多花点心思来准备，精心组织与安排活动内容，将英语活动的实施贯彻到位，保证此次实践活动的开展是具有一定意义的。在计划的实施过程中，指导教师可进行实时监控。同时，在职业英语的能力培养上，外语教师还应当别出心裁多想点法子，创造更多的学习机会给学生，整合职业情境相关材料，供学生参考学习。校内实践活动的开展，都是为了培养学生的英语应用能力，为学生提供更多的英语交流机会，创设良好的英语交流环境。

校内实践活动贯彻的同时,教师还应当指导专业实习生进行专业英语学习。将学生实习过程中所遇到的英语相关问题进行归纳总结。例如，在面对先进设备仪器时，学生可能会看不懂说明书的内容，还有遇到国外患者时学生也不知道该如何进行交流。因此，要特别注重实习生的外语水平培养。学校应当针对这些情况，专门设立学习咨询室，由外语教师担任咨询老师，实习生有问题可以通过当面交流、QQ 交流、电话交流等多种形式与老师进行沟通。同时，咨询室老师应当将所有学生的问题进行纪录总结，将常见的问题进行重点分析，在今后的教学中有针对性地进行指导。

高职院校公共英语教学具备的特殊性应当在不断探索中进行分析总结，采用模块化的教学方式，将第一与第二课堂紧密结合，提高英语教学的实用性，将提升教学实用性作为今后高职英语教学的重点内容，不仅可以提升高职院校人才培养的效果，还可以展示院校的教育特色。

第五章　高职院校公共英语教学改革的策略分析

第一节　转变教学观念

行动必须要有观念作为基础，任何行为的开展都是建立在观念的基础上，观念未形成，就意味着行为无法展开。传统的教学理念必然有过人之处，才得以延续至今。但如果一直延续传统单一的教学方式，必然无法跟上时代更新的速度，教学效果也将停滞不前，反倒会出现不进则退的现象。因此，在传统教学理念的基础上，保留精华内容，引入全新的理念，是所有教学课程都必须注重的问题。先进的教学理念不仅可以提升教师的教学水平，还可以改善教学质量；相反的，如果教学观念过于老旧，自然就会导致教学水平大幅下降，教学质量也随之降低。因此，要改善高等院校的教学水平，就应当首先引入先进的教学理念。

一、将基础知识传授与实践能力培养关系进行良好处理

对待任何问题我们都应当从实际出发，采用实事求是的方式来解决。因此，高职院校英语教学中存在的问题，我们也应当从客观角度出发，对教学的情况进行详细分析。上一章节中，我们明确知道当前高职学院的学生英语水平参差不齐，整体水平较低，学生对英语的学习热情并不高。还有一个问题我们必须意识到，在高职教育当中，英语教学固然重要，但其重要性自然无法与专业课

程相比。所以，高职院校的公共英语课程时间应当进行合理安排，在有限的时间内将英语教学效率发挥到极致，处理好英语学习与专业能力培养两者间的关系。从语言学角度上看，语言知识与技能实际上包含信息的获取与个人表达技能。所谓的信息获取，实际上就是接收知识的过程，表达技能（productive skills）则是一种实际运用的能力。如果接受技能没有表达技能来支持，是无法持久掌握的。可见，语言基础知识与实际运用能力是相辅相成的。高职院校公共英语教学应当将培养结合生产、服务、建设、管理于一体的应用型人才为主要目标，实现人才向结合德、智、体、美为一体的复合型人才方向发展。

《基本要求》中就有明确指出，应当将语言基础与语言应用能力两者放在同一水平位置上，不仅要打好语言基础，还要保证知识的实用性，意识到语言基本技能与实际的涉外活动所需的语言能力两者呈现相辅相成的关系，为较好地处理语言基础知识与运用技巧两者间的关系指明道路。

二、正确处理听、说、读、写、译各项技能之间的关系

传统的高职院校公共英语教学的一个显著特点就是注重灌输式教学，将学生当作接受知识的容器。学生成为接受知识的客体，教学的过程表现为“轻听说重读译”的倾向，结果学生以“占有性”（并非真正的占有）作为获取分数、证书以及就业的方式获得知识，能力并没有提高。该教学理念将接受性技能训练放在重点位置，忽视表达性技能训练的重要性。随着我国对外开放力度不断加大，特别是加入 WTO 之后，对高职院校学生涉外交际能力的要求进一步提高，传统的高职英语教学模式无疑不适应这一需求，影响到高职教育的质量，因此，我们需要摸索出一条为高职院校培养专业人才的适合道路。从语言学规律角度上看，语言能力培养是需要多种因素综合协调的。实际上就是说，语言能力培养中的词汇、语法、听力、阅读、写作等多个因素间是呈现相辅相成的关系。每一门语言的学习最基础的内容都是词汇与语法，就像建设一栋大厦需要基石一样，语法与词汇的学习是一门语言学习的基础；听力实际上就是将书面内容转化为有声内容，是口语学习的基础内容；写作、阅读能力实际上就是将基础的词汇、语法相融合应用，是将语言实践化运用的过程。只有将基本的词汇、

语法内容掌握到位，才可以进行阅读、写作、翻译，达到英语学习的真正目的。实际上，不管是从语言学习的规律，还是从语言的实践使用需求上看，听、说、读、写四个因素关系的正确处理都是具有极大意义的。

公共英语的学习应当遵循协调性原则，将听、说、读、写四个重要因素间的关系进行正确处理，使之可实现相互促进，共同发展，结合高职院校以及学生的实际特点，顾全全局的同时，又不忽略重点内容的选择。在《基本要求》当中就有明确指出，将听、说、读、写四个因素间的关系进行正确处理，将语言学习规律放在重要位置，保证语言能力可以实现相互促进、共同发展的目标，应当极其重视听说技能培养。实施英语教学，不仅要让学生掌握基础英语知识，还需要学生将学习到的英语知识贯彻到实际应用中。对于专业的学生来说，具备一定的英语听、说、读、写能力，通过查阅相关的英语材料可自行翻译内容，将学习到的英语知识应用到日常活动以及涉外业务中，为自身的英语能力提升奠定扎实基础。改变传统的教学方式，将英语教学的主要目标放在可阅读与翻译涉外的应用文上，将听说训练放在教学重点位置。写作能力的培养重点应当放在遣词造句基本功上，将模拟套写应用文放在极其关键的位置，主要是以在涉外过程中较为常见的应用为套写核心内容。

三、和谐处理教学与考试的关系

应试教育是目前我国高职院校英语教学中最大的阻碍，教学目标都是以考试为主。如教学都是为了最终的考试成绩，将高职院校的英语能力考试分为 A，B 两级，就与国家要求的英语四、六级考试一样，教学内容围绕考试内容进行，教学效果主要通过考试成绩进行评价。所以，就会出现考试范围外的英语知识并未学习到，学生无法掌握那些不需要考核的知识，教学变成了应付考试的工具，培养学生的英语能力已经被教学忽视。各个等级的考试要求不一致，无法准确地反映学生的实际学习情况，可能会出现误导教学的后果。以考试为主的教学基本上都是将词汇、语法的传授放在重点位置，并不注重语言实际应用能力的培养。只重视知识的传递，忽视了知识实际应用的重要性。此外，以应付考试为主的教学，只要考试一结束，教学也会停止，如不结合考试成绩进行结果分析，则无法发挥考试的效用。

考试自身就是作为检验学生学习情况的重要依据，就是为学生学习而制定的项目，是将学生的学习过程中存在的问题进行总结反馈，是检验教师的教学能力及教学完整性的依据。是为了鼓励学生提高学习积极性，发愤图强的重要手段。但是，目前我国的高职院校英语考试并未实现这些功能，与其主要目的相背离。不仅教学效果无法达到预期效果，学生分数还呈现大量高分但应用性不强的现象。虽然英语考试取得不错的成绩，但在实际工作当中并无法较好地应用英语，连基本的公文、产品说明书都看不懂，日常交流过程中也显得较弱，用人部门对该问题的反应极其强烈。所以，科学的处理教学与考试两者间的关系，意识到教学的主要目的是提升学生的语言运用能力，并不是为了应付考试，考试成绩并不是衡量学生个人能力的唯一标准。《基本要求》当中就有明确规定：“语言测试重点应放在学生的语言应用能力检验上，避免应付考试的情形出现。”英语能力的考核过程中，必须将学生的语言应用能力纳入其中，保证考核的公平性以及科学性。

第二节　精选教学内容

当前高职院校公共英语教学普遍存在知识体系老、旧，重理论轻实践、实施设备不完善的现象。要切实改善这些问题，就应当将改革重心放在教学内容与教学方式上。

一、结合学生实际需求，选择实用性强的教学内容

高职教育最突出的优点在于学生的动手能力强，工作岗位适应性强，具有明显的职业性特征。教学内容必须结合这些特征，将实用性放在首位，结合学生工作岗位的实际需求，将教学内容与社会需求紧密结合在一起。所以，选择的教学内容不仅要保证可以使学生获取必备的基础知识，还应当保证其实用价

值。词汇、语法固然重要，但不应过分注重，需要将听、说、读、写四个方面相互结合起来，组建完善的教学内容；将原本注重学生阅读能力培养的重心转移至注重学生知识实用价值培养的重心上；将听、说、读、写能力培养融合在一起，促使学生全面发展，与社会实际情况相结合；将听与交流放在教学最为重要的位置，实现语言的基本功能。在日常教学当中，应当更多地在课堂安排学生用英语交流，再通过值日报告、短剧、演讲等有趣的活动，为学生创造用英语交流的机会，展现个人能力，锻炼英语表达能力。结合当前高职英语课程的特点而设定的课程情况具体包括以下内容：

（一）听说课型

教师应重点强化训练学生的日常交际用语：课堂交流、指路、自我介绍、问候、饮食、健康、天气、道别等业务需要用语；一般涉外活动——日程安排、购物、宴请、就诊、游览；一般涉外业务——面试、介绍公司、产品、业务洽谈、主持业务交流会议等。应当以学生为主体进行教导，引导学生自行发现问题，分析问题与解决问题，将短暂的课堂时间充分利用，使得学生能够将听、说、读、写各个方面的能力都综合起来，成为英语复合型人才。在两年教学（有些高职院校是一年，也有三学期的）当中，教师应当结合学生的实际情况，在每一个阶段教学都选取侧重点。

第一学期：将英语兴趣培养作为重点内容，兴趣是学习的基础，激发学生的学习欲望，引导学生如何去学，如何去说英文。将听、说内容放在重点位置，在课堂上多安排学生进行交流互动。

第二学期：将学生语感的培养放在重点。在教师教授听说方法的过程中，学生只是被动接受的一方。营造良好的课堂氛围，融入多样化的教学模式。听说内容的教学不仅要将日常用语纳入其中，还需要将宴请、行程安排、游览、就诊等一般涉外活动的内容加入其中。

第三学期：将重点放在学生交际能力与技巧的培养上。通过情景模拟的方式来培养学生的交际能力，将面试、公司介绍、产品等一般涉外业务的内容放在教学重点位置。

第四学期：将英语应试技巧、等级考试作为侧重点。主要将之前所学的一般涉外活动与业务交际用语进行巩固复习，不断加强业务技巧的训练，结合实际应试情况适当加入备考训练内容。

（二）读写课型

切实结合一线工作人员的岗位需求，将适用的阅读写作能力作为重点教学内容。正常情况下，英语教材以及教学内容都是选用一般性文章，主要目的是为了增加词汇量，提高学生的常识，提升阅读能力，所以实用性强的文献经常都会因为语言知识单一，趣味性不足的原因被教师忽略。结合《基本要求》当中所提的实用性，教学内容应当融入说明书、产品广告、合同、商务信函等实用性较强的文献，让学生与涉外活动能更早地接触，为今后的工作做充分的准备。

第一学期：对学生学习动力的主要因素进行调查分析，并对其语音、词汇、句型掌握情况进行了解，制定分层教学计划。教学内容加入简单的通知、私人信件、便条等简单的应用文材料。

第二学期：调查学生的词汇掌握情况，通过句子、段落教学来提升学生的写作能力。引导学生正确搭配词汇与短语，将读、译为重点的材料渐渐地转为以撰写应用文为主的材料，例如常见的说明书、通知、产品广告、个人简历等。

第三学期：调查与学生阅读水平相关的影响因素，将篇章教学作为教学重点内容，教学重点依然是放在应用文教学上，主要内容包含分析总结、写作方法、阅读技巧等。

第四学期：分析学生外语综合素质情况，将实用性交际英语作为教学重点。还需要借助工具书来了解专业英语有关的内容。如将实用性内容作为教学重点时，必须要加大实践教学环节，对于听、读、说、写、译等方面内容的教学，可采取实习、实训、模拟等方式进行教学，突出技能培训，尽量使实践性教学环节的所占比例控制在40%～50%。结合实际技术活动来制定课程计划，以职业能力培养作为核心需求，将理论与实践相结合，注重边学边用。

二、教授经济够用的内容

高职院校公共英语教学最为注重的就是够用原则，如要实现够用，就必须在教学内容上下功夫，保证选取的教学内容都是与实际需求相符的，取其精华、弃其糟粕。前文已述，高职院校教学特点的约束，意味着英语教学并不能占用学生太多的学习时间，所以高职院校的英语教学必须要以提高教学效率为主，这对高职院校公共英语教学提出了更高的要求。英国教育家怀特海曾指出教育上必须遵循两条节律：①“不可教太多的科目”；②“所教科目务须透彻”。对高职英语来说更应该如此，不可教太多的内容，否则学生难以掌握；所教内容务须透彻，以让学生真正掌握。因此，在教学内容的选取和组织上，应做到以下几个方面：

（一）将够用原则落实到位，凸显教学重点

《基本要求》中以够用作为教学基本原则，对学生学术性的要求大大降低，反之阅读英文与练习的要求提升，同时还将实用性强的口语语言重要性大幅提升。事实上，一线工作人员使用英语交流基本上都是口头与书面两种形式。

正常情况下，高职学院学生所从事的涉外活动与翻译工作无关，只需要学习业务用语就足够，能够解决业务问题就是他们学习的主要目的。因此，要求他们在刚开始工作就说出一口流利的英文也是不可能的，只能在工作中不断积累、不断学习逐步提高。同时，应当结合实际的涉外内容来选定教学内容，使其具有一定的典型性，不能太深奥，要面面俱到。教学中的口头、书面材料都必须与当前学生涉外环境会遇到的内容为主，不能在语言的准确性和流利性上要求过高，要贯彻少而精、用得着的原则。

词汇方面，也要把握好度，并不能让学生一味地去背单词、记短语，过多地增加学生的负担。将一些与当代生活紧密相连的新词适当加入其中，还有业务英语中使用最广的词汇也可适当地加入其中，并适当调整词汇的各项内容，秉承适度够用原则就可以了，突出了重点，便于教学。

（二）重点教“怎么办”和“是什么”的知识而非“为什么”的知识

事实上，最经济的教学就是教会学生自己学习。通过传授学习方法，教会学生主动学习，最终实现由教学生到学生自己教，由教到学，由教到不教的转变，这一直是教学追求的理想目标。尽管实现这一理想的路径褒贬不一，但在

高职教育中，注重教学生“怎么办”的知识而非“为什么”的知识的方法受到了一致好评。高职教育与本科教学差别在于学术性追求上，高职教育无需追求所谓的学术性，在教学中强调培养学生的学术探究能力，注重“为什么”的知识的教学，而应该更多地教给学生怎么办的知识和是什么的知识。怎么办的知识又被称为程序性知识（procedural knowledge），分为对外办事的即智慧技能和对内的调控即认知策略，教程序性知识是将学习方法教给学生，培养学生自主学习能力。教师可以将听、说、读、写各方面的技巧传授给学生，使得学生掌握多方面的技巧，对于提高学习效率有极大帮助。所谓是什么的知识，就是要教给学生一些实用的知识模板和范例，例如，一些应用文写作格式的教学、基本的涉外交际语言模板，等等，使学生快速地掌握一些英语基本技能，同时又通过怎么办的知识教学，起到举一反三的效用。

（三）教给学生学习策略、方法和解决问题的技巧

教给学生学习策略、方法和解决问题的技巧和注重教怎么办的知识有异曲同工之效。联合国教科文组织国际教育发展委员会在《学会生存》中指出，“教师应该较少地致力于传递知识和储存知识（尽管我们要留心，不要过于夸大这一点），而应该更努力寻求获得知识的方法。”如今知识体系在不断更新换代中，学生所要掌握的知识越来越多，培养学生学习技能，将终身学习作为教学培养重点，因此，在教学中，教师已经并非只有传递知识的单一职责，更为重要的是引导学生自主学习、培养学生学习的主动性。高职院校进行英语教学，不能只传授给学生一些词汇、语法、句型等知识，而应当教导学生该如何自主思考、自主学习、自行解决问题，如何与外国人进行简单的日常和商务对话、如何进行实用性的外语写作和阅读，将解决方式、思路、策略传授给学生，让学生培养自主学习的能力，能够将知识融会贯通，自行解决学习过程中所遇到的问题。

三、采用科学合理的教材

从当前高职院校选取的教材情况上看，版本多样化，还有很多学院选取的教材是本科教学教材，并未构建与自身院校实际情况相符的教学体系。对于所

有的高职院校来说，都必须要开始重视此问题，公共英语材料的选取也是高职院校当务之急的事情。教材基本上都是以公开出版材料和校本开发两种形式，不管选用的形式是哪种，教师都必须要遵循以下几个原则：一是突出高职院校的教学特色，结合职业实用性特点；二是要将学生的实际情况考虑在内，结合学生的个人水平与知识接收能力，使学生“跳一跳就能摘到果子”；三要结合语言教学规律，遵循教学法则。在材料的选用过程中，除了以上三条准则外，还应该做到以下几点具体要求：

（1）将内容新颖、规范化、形式美的教材优先加入其中。将语篇与语言两者的贯通性作为重点，包含句间、段间的衔接性，句内、语块的搭配规则，词法规则等。

（2）选择的教材必须是具有一定的趣味性。其中，有有趣的实例，可将图片、幽默材料加入教材中，使其不会枯燥无味，更具立体感。

（3）教材具有广泛性。由于学生就业后可能实际使用的语言较为广泛，所以在教材内容的选择上应当结合现今的生活、文化、科技等多方面的内容，除展现专业特点外，还需要与社会紧密相连。

（4）受高职教育学生英语水平的影响，应使教材内容具备极强的实践性与模拟性，让学生能够快速地掌握与应用。此外，还可采用先进的设计方案处理教学内容，如利用案例教学的方案，将教学作为学生在学习、认知过程中的案例，教材不应作为学生必须接受的内容，是引导学生学会自主学习、反思、分析的中介性存在，只是属于一种案例。新形式的采用和探讨对教学观念和教学内容的改革能产生积极作用。最后，加大校本教材的开发力度对于提高高职英语教学质量也具有重要意义，教材选取过程中应当将校园现有资源充分挖掘，调动众多优秀教师的积极性，共同参与到教材内容的选取活动中，融入先进教学理念，切实做好教材组织工作。

第三节　改进教学方法

毛泽东曾将方法比作过河用的桥或船。桥和船是过河的手段和途径，要过河，首先要解决桥或船的问题。在教学中，教学方法就是实现教学目的的“桥”或“船”，是提高教学质量、走出高职英语教学困境的重要手段。

一、改变单一型的讲授教学方式

从当前高职院校公共英语教学情况来看，基本上都是沿用传统的讲授法。讲授法是我国自古以来一直沿用的教学方法，之所以长盛不衰，关键原因在于其具有独特优势。讲授法具备操作简单、经济有效、使用方便、教授效率高等特点，但讲授法并不是毫无缺陷的，这种教学方式过于单一，与灌输式教学无异，不利于提高学生的学习积极性，开发学生的创造性思维，对教学效果产生一定的负面影响。所以，应当改变这种单一的教学方式，将讲授法所具备的优点继续传承下去，将其缺点归纳总结，采用其他方式进行弥补，融入对话教学模式，将对话教学作为教学的重点内容。

著名语言学大师巴赫金曾经说过，人与人之间是相互依存的对话关系，对话是人生命的本质特点；同时，他还认为语言是使用者之间的对话交流，语言生命的重点在于对话；不管是日常生活、业务往来、文艺等领域，都存在对话关系，话语自身就具有对话性质。由此看来，掌握一门语言的关键基础在于对话；要切实学好一门语言，就应当从对话教起。通常情况下，对话可激发双方的交流兴趣，使得两者注意力高度集中，是主观意识上的平等，具有针对性的相互尊重交流形式，对于弥补传统讲授法中的不足之处有极大作用。

切实将讲授法与对话法相结合，高职院校公共英语教学就必须做到以下几点：首先，应当采用两种方式交替的教学形式，结合教学实际情况进行合理转换。如在词汇、语法讲解教学中可以使用讲授法，将信息传递给学生，可以提高学生的知识接受效率。在知识的巩固上，可以通过对话法进行，效果更佳。其次，需要掌握对话教学技巧。师生应当相互尊重，教师用平等的眼光看待所有学生，将学生作为课堂主体。同时还需要控制好对话节奏，在教学的引导之下，采用生动、有趣的形式来使对话继续下去，除了利用嘴巴之外，还可使用眼睛、双手、身体、行为来丰富对话内容，提高对话魅力。除此之外，还需要重视对话度的把握，在对话过程中应当点到为止，避免演变成敌对、争吵的情况。使得对话过程中只有善意的交流，师生间是平等的地位，并没有所谓的依附关系。

二、采用情境教学形式

情境教学应当结合实际的教学内容制定。之所以在教学方法改革中分析如何组织教学内容，既是对教学内容改革的补充，更是体现教学方法属性的需要。教学方法，本质上是对教学内容、材料的组织形式、途径没有脱离材料而虚空的方法，就像形式必须与内容相结合一样。美国教育家杜威是这一观点的极力支持者，他认为不应当将教材与教学方法两者分开。每个学科学习都具有整体性，教材是经过严谨选取的，实际上它自身就存在教学方法。所以说，教材与方式是一体化的东西，两者都并不是单一存在的。方法是教材当中使用时间最少达到的教学效果最佳的内容，它属于教材中的一部分。最后，他认为方法不过是为了某种目的运用某种材料的一个有效的途径。正是基于这一观点，笔者将教学方法改革与教学内容改革相结合。

语言教学与我们的生活息息相关，因此，教学内容必须与生活实际相贴切，巧妙地融入生活场景，用生动的事实提升学习兴趣，促使语言技巧更易被掌握。著名学者夸美纽斯曾说："当刚开始学习一门语言时，应当从其熟悉的材料入手。"就像刚出生的婴儿一般，不是着急教导它怎么做，让他去死记硬背各种词汇和条条框框，而是将桌子摆在他面前，告诉他这是"桌子"，它的用途是什么，材料是什么，结构怎么样；当他学会一些基本词组之后，我们试图教会他与别人打交道，我们是通过他人或自己与他的交往再教会他一些基本礼仪规范。由此可以看出，只要采用情境教学形式，联合实际生活，才可真正地将一门语言学好。语言学习的规律在高职院校的公共英语教学中也必须遵循，将原本复杂的系统内容通过情境化的方式形象地展现在学生面前，让学生在潜移默化中接受这些新知识。

通过建构主义教学观我们可以得出，知识构建应当与社会实际情况、学生生活情况相联系，否则该建构就会变为无趣的游戏，毫无实际意义。所以，在教学过程中教师应当联系实际情况，使得教学内容与学生实际生活相符，从而激发学生学习兴趣，提高学习积极性。反之，如果教学内容与学生生活相背离，就无法提升学生的学习兴趣，教学效果自然会大幅下降。因此，不能将知识僵化，应当使知识充满活力，这是所有教学都应当重视的问题。只有教学内容与生活实际贴近，才可实现教学内容的生活化。

只要是教学的内容都必须遵循在日常生活中有效应用的原则。可让学生感受到教学内容的亲切感，会愿意去学，掌握起来也较为容易，有较强的实用性。同时还需要结合教材内容组织教学实践活动，以活动的形式将教学内容传递给学生。还可以使用小技巧实现情景化教学。如通过教师生动形象的描述与讲解，构建的情境教学也可达到不错的教学效果。例如，在笔者向学生讲解面试成功的五个关键因素时，要求学生不仅担任面试官的角色，同时还担任求职者的角色，在两个角色之间相互转换，通过语气、肢体、表情将面试场景模拟的惟妙惟肖，特别是在模仿职场经验不足，礼仪不了解的求职者时，学生们会哄堂大笑。再将功能句型联合漫画内容一起挂在黑板上，让学生进行 5 分钟的面试提问准备，然后请学生自愿上讲台扮演面试官，学生当中必须要有一位胆子较大的，笔者带着几位口语较好的学生扮演求职者，任由讲台上神气活现的“面试官”们提问挑刺，由他们决定谁面试合格或不合格。

许多平时不爱开口的学生也兴致勃勃地上了讲台，下课铃响了，教室里仍然笑声不断，气氛热烈，学生们意犹未尽，笔者答应他们下节课复习时再给他们时间表现，他们才高兴地离开。而随后的那节课中学生表现得更好，显然教学内容的实用性和课堂上的成就感成为激励他们课后操练的良好动机，大多数学生都感受到在面试过程中使用英语并非是一件很难的事情，大家圆满完成了本课的学习任务，大大地提高了学生的英语学习兴趣。在此课堂中，情景化教学的效用极其明显。

三、采用分层教学

切实将分层次教学落实到位，进行因材施教，是当前所有教学课程都应当遵循的原则。著名学者维果斯基提出的最近发展区理论中说明：走在发展前端的教学，才可称为真正意义上的好教学，让学生能够达到努力一下就可取得小成就的效果。此教学方法的实施原则是结合学生学习能力来教授知识。所以，应当结合学生的实际水平来决定教学难度，如同班级中学生间的英语水平差异极大，就必须采用分班教学的模式，让同一水平线上的学生共同学习。

高职院校学生的英语水平参差不齐是一个普遍的事实，就是因为该问题的存在，才确立分层教学在高职院校英语教学中的重要性。在前人已经做过大量研究的基础上，笔者就将重点内容进行深入分析。①应当对学生的情况进行详细分析。分层教学的基础在于准确了解学生的英语能力。只有真正结合学生的真实情况，才可以将因材施教贯彻到位。所以，高职院校管理人员与老师应该共同协作，对学生的入学成绩进行调查分析，通过摸底考试的方式来进行科学判断。②分层次的班级是结合学生的相对水平来划分的，与 A，B 级无关。如校园师资充沛的话，可以将学生的英语水平分成多个层次，再联合学生的实际兴趣爱好成立不同的班级，将因材施教的效用最大限度的发挥出来。③需要针对学生学习存在的实际问题进行因材施教。层次教学的关键在于将因材施教落实到位。结合不同的英语水平的学生存在的问题进行详细分析，例如将听力能力较弱的学生放在同个班级，教学过程中将听力放在重点位置，着重提升这个能力。④应该在同个层次的学生当中把进步较大的学生进行良性流动，将成绩上升较大的学生换到更好的班级中，加大教学难度，对于成绩较差的同学并且学习适应能力较弱的，换到层次低的班级，让所有学生在自己适合的班级中都可发挥自身最大的能力，取得相应的发展。将流动作为激发学生学习主动性的因素，让学生能够产生竞争意识，提高学习能动性。当然，目前高职院校英语教学中依然存在诸多不足之处，在此不进行一一分析，但需要重点强调几个问题：①改变教学方法实际上就是改变教学观念，将以教为中心的理念转变为以学为中心的理念，注重引导学生自主学习英语。著名学者 West 说过：外语是靠个人努力去学的，并不是靠教师教会的。当前对知识传递的方法研究，更多的是注重实践性的学习，将鼓励学生自主学习作为重点，对现有的考核知识进行补充。②提高教学实践性。著名学者 Harmer 认为，灌输型的方式无法提升学习的交际能力，只有多给学生提供实践操作，才可将学习到的知识更好地使用，将理论知识吸收并存入个人知识体系中，构建属于自己的语言系统。应当将理论课程与实践课程两种课程相结合，课堂教学中需要安排一定的实践教学课堂，让学生可以拥有实际训练的机会。③将课堂学习与课外辅导共同结合，教师教导只是学习的一部分，重点还是要看个人。教师引导学生如何去学习、如何进行知识巩固。④在传统教学的基础之上引入新的教学方式，可以弥补传统教学存在的不足，教学的方式是无定数的，只要有新的方式产生就可以去实践。说课的单一教学形式已经无法适应时代变化，应当融入案例教学、实践教学等新型的教学方法。⑤应当采用先进的教学方式，切实提升教学效果。在信息时代中，引入多媒体教学方式是必然趋势，可以通过教学软件、辅助仪器来提升教学趣味性，丰富课堂教学形式。

第四节　完善教学评价

切实做好高职院校英语教学评价，就应当对学生的英语成绩进行科学评价，挖掘学生存在的优点与不足之处，对教学评价的内涵需要有正确认识。将其与教学测量进行分析对比，对于掌握教学评价的本质有极大帮助。教学测量通常将数量客观性作为重点，教学评价不仅注重客观性，同时也重视主观性作用。

教学测量将事实与数据获取作为重点，教学评价将事实与数据解释作为重点；数据计算结果是教学测量的终点，教学评价并非如此，其还会将数据进行分析并反馈，再继续进入下一轮评价中，不断循环。

经过比较我们可以得出，保证教学评价的科学性必须遵循以下几个原则：首先，应当注重评价的客观性，将学生的实际情况科学反馈出来；其次，需要对评价结果进行分析，将教学评价的价值最大限度地挖掘出来；再次，应当将评价结果反馈给师生，作为今后学习的指导依据，制定有针对性的教学策略。最后，应当使评价不断循环，将教学与评价共同结合，实现总结性与形成性评价同步进行。

教学评价可根据主体或者级别将其划分为校内与校外两种评价模式。校内评价主要是通过学校、教师组织的期中、期末考试，校外评价主要是通过社会机构组织的等级考试。总之，不管是校内还是校外评价，都是将考试作为评价的重点手段，此方式实际上已经严重阻碍高职英语教学的发展，单一性的评价方式已经达到教学评价瓶颈，由此可见，进行教学评价改革非常重要。

一、改革校内考试制度

校内的教学评价主体为考试，在评价当中的作用是不可替代的。将校内的考试评价作用发挥至最大，就要求学院以及教师都应当做到以下几点：首先，采用多样化的考试形式，通过多方面考核来衡量学生的成绩。科学客观是评价的必要基础条件，得出的评价结果可以切实反映学生的实际水平。

因此，学校与教学必须采用多形式、多角度来对学生的水平进行评价，可结合学生的考试成绩安排小规模的考察，还可制定阶段性的测验。考察方式可通过口语提问、书面作业检查、情境对话等方式，可在课堂、课后随时对学生进行考查。学生的考试形式可以分为单元考、学期考、学年考等。选择的考试方式需要具有一定的针对性，采用合理的评价方式，注重培养学生听、说、读、写各方面的能力，通过各方面的能力测试来提升教学评价的有效性。检测学生的听说能力，就应当通过听力、对话的方式进行，在阅读、写作上的测试，可通过写作翻译的形式来检测。

应当及时了解学生的考试情况，并对其成绩进行分析反馈，通过实际考核情况制定有效的教学策略。评价的主要目的在于提升教学的有效性。采用科学方式对评价结果进行分析，结合制定的教学目的，挖掘存在的问题，并对问题进行分析总结，将最终结果反馈给师生，有助于教师进行教改，引导学生改变学习方式，弥补不足之处，有针对性地进行教学，全面提升教学效率。

二、改革校外考试制度

一般情况下，高职院校校外的英语等级考试都是通过地区教育部门、省级教育部门、中介机构共同组织的，例如最为典型的英语三级、四级、六级考试。此考试涉及的范围极广，自身就具有较为完善的考试制度，考试结果也具有一定的客观性，考试结果通过后还会发放相应的英语等级证书。

所以，校外考试的公众认可度较高，影响性也较大；但正是这种考试导向的原因，导致出现应试教育现象，很多学校教学都是为了应付考试。再加上，组织具有统一的制度，客观性极强，经常会出现重视全局不注重个体的情况。要切实改变此情况，就应当做到以下几点：①将传统的教学评价方式进行完善，将知识本位的评价形式转变为能力本位的形式。从目前的测试内容上看，词汇、语法依然是评价主体，听力、口语以及翻译相关内容测试重视度不高。考试题目注重反映学生英语基础能力的掌握情况，对于学生涉外交际能力的考核并无涉及，与高职英语教学所制定的目标具有极大出入。所以，必须将传统的重知识轻能力的观念进行改善，融入新的思想观念。②还应当保证命题的科学性。

试题是考试效果是否具有科学性的关键因素。所以，命题极其关键。①在高职英语考试命题中一定要将课程重点内容体现出来，实现点面融合。②将知识与能力放在同一水平位置，提升涉外交际能力测试的重视度。③应当保证试题的有效性。④需要合理进行试题搭配。试题中应包含选择、填空、翻译、写作等各种题目，让各个知识能力都可进行有效评价。

同时，避免应试教育的情况出现，就必须进行正确的考试导向。很多校外考试都是通过多个权威机构共同组织的，社会认可度极高，对学生的个人声誉有极大影响，所以极易导致高职学院与英语教师出现应试教育现象。针对此问题，管理部门应当进行宏观监督，通过直接监督、宣传教育等形式来正确引导高职英语的教学方向，提升高职院校英语教学素质教育落实力度，引导其走正确的发展道路。

同时，还需要改变考试形式与方法。将口试、笔试、面试等多方面内容都体现在考试当中，不能只采用单一的笔试形式，一种考试形式并无法准确地反映出学生的实际成绩，多种形式可对学生的英语综合能力进行有效检测。还需要结合考查对象的特性来制定考试内容，就与当前的高等英语应用能力考试相同，结合学生的实际英语学习情况分为A，B两级考核，当前我国的几个一线城市已经开始实施高等英语应用能力口试，这些尝试对于准确考查学生英语水平都有积极作用。

第五节　提升教师的教学水平

高职院校英语教学的执行者为英语教师，教师的教学水平会直接影响到最终教学质量，教学质量也是学生知识掌握情况的重要影响因素。就像著名学者雅斯贝尔斯所说：人所能够改变的只有自己，通过自身的改变唤醒他人。所以，在新的机遇与挑战的形势下，高职院校公共英语教学必须以提升教师素质为主，特别是英语教学能力的提升，是适应社会发展的关键因素。

一、提高知识传授与技能培养能力

在《基本要求》中就有明确指出，英语语言知识与基本运用技能培养的同时，还需要注重学生的英语应用能力培养。对于英语教师来说，具备知识传授与技能培养能力是最基本的要求，是其必须掌握的能力。切实提高此能力应当从以下几方面入手：

（一）具有较强的讲解能力

教师应当将难以理解的知识变成通俗易懂的知识来教导学生的能力，使得学生更加容易掌握知识。当前的高职学生，普遍存在英语成绩差，对英语学习积极性不高，再加上学院所设立的英语课时较少，所以高职教师有较强的知识讲解能力非常关键，可以提高讲解效率，促进学生更好地理解知识。但是，所有的教学方法制定都必须在老师了解学生的基础之上，结合学生的实际情况采用多样化的教学方式进行讲解，是所有高职英语老师都应具备的能力。

（二）具有较强的示范能力

当前，大多数高职院校的学生学习英语都依赖于课堂，依赖于指导老师。教师是指导学生学习英语的关键因素，教材是学生学习英语的唯一来源。高职教师具有较强的示范能力极其关键。在发音、说话、书写等方面，都需要教师进行正确示范。所以，高职英语教师必须在课后不断提升个人英语能力。将示范工作落实到位，使学生可以进行正确模仿。

（三）具有较强的开发、引导能力

高职学生自身英语基础较为薄弱，所以对学习英语的热情并不高，生怕在说、写的过程中出现错误。就是因为这种焦虑情感存在，所以高职学生在学习英语的过程中存在诸多问题，此时，就需要教师进行正确启发与引导，使学生正确认识英语学习的重要性。此项工作是一项漫长又艰巨的工作，英语教师必须要注重提问的重要性，在教学过程中，提问是必要也是最为有效的教学手段之一，结合不同的情况提出相应的问题，激发学生自主思考、自行解决问题的能力。如在学习过程中遇到困难，可通过激励、诱导的方式来使学生充分发挥自己的语言能力，积极参与到教学工作中，克服学习英语的恐惧心理。

（四）具有较强的学生课堂行为评价能力

在英语教育中，评价是极其关键的内容，是课堂目标实现的重要因素。进行课堂教学评价可以促使学生在学习过程中不断进步，对自身的能力有正确认识，提升个人自信心，促使语言应用能力的发展。特别是针对英语成绩不好的高职学生来说，评价显得极其重要。在教学过程中，教师应当多采用“wonderful，very good”等语言来激励学生，用认可的态度去表扬学生，让英语成绩较差的学生都可以感受到自身学习的成就感，提升学生学习兴趣，将其兴趣转变为学习动力，教师也可感受到学生对英语学习的热情。教学评价活动的成功实施可以使教学获取有效的教学反馈，结合反馈内容不断完善自身的教学方式，促进教学改革的再发展，也是实现师生共同发展的重要途径。

二、提升教师教学组织能力

在教学过程中，教师必须进行有效的教学组织，这是身为一名教师必须具备的基础能力。高职院校的学生是具有一定特殊性的，因此，具有较强的英语教学组织能力、能够较好地掌握课堂情况、调动学生学习积极性的英语教师显得极其重要。

（一）有效地掌握课堂情况

教师活动是否能够顺利开展、实施、贯彻到位，进行有效的课堂管理是必不可免的事宜，维护课堂制度，保证教学活动顺利开展是教学应当具备的基础能力。师生人数在不断扩张中，但教学设施设备并无法跟上扩张速度，很多院校班级学生基本上都达到60人以上，采用的都是大班教学形式，笔者曾经就有一百多人共同上课的经历。高职院校英语教学对语言基本技能与应用能力培养极其注重，对于英语教师的管理水平具有极高要求。

课堂管理主要包含课堂活动组织、课程时间控制、课堂纪律、学生注意力集中等多个方面。高职院校公共英语课程自身安排课时就较少，所以教师应当先明确学生的学习目标，进行教学内容简化，结合学生的学习兴趣以及个人能力进行分组学习，分组进行课堂竞赛，随机在各组中抽取一名代表参与活动，保证每位学生都可参与到课堂活动中，在有限的时间内传递有效性高的知识，采用一系列的技巧来吸引学生的注意力，降低课堂纪律维护的难度。当然，还存在一些学生的学习积极性不高，不重视课堂纪律，出现各种迟到、早退的现象，教师应在课前先告知学生课堂相应的规章制度，告诫学生课堂表现是否与考试成绩相挂钩，让学生对其引起重视。课堂管理水平提升不仅需要教师的日常积累，还需要教师做好准备工作，避免各种突发现象发生。要有效地掌握课堂还必须增长教师的教学机智。教学既是科学又是艺术。好的教师必然是具有较高的教学水平。著名学者乌申斯基曾经说过：如教育者不具备教学机智，不管其如何去研究相关教学理论，都不可能成为一名优秀的教育人员。在教学中，总会出现一些不和谐的声音影响教学的正常进行，这些现象处理得恰当与否，对于教学活动的进程将会起到重要影响。如果高职英语教师能在教学中利用这些突发事件，机智地化解，往往还能取得意外的收获。在增长教学机智上，教师首先应坚持以生为本、克制情绪、尊重学生、关心学生，胸怀热爱学生的真实情感，不采取鲁莽、粗暴的方式压制突发行为；其次教师平时应多积累广阔的知识，针对学生的贸然问题能有所准备，对于一些突发事件有较为广阔的思维空间；再者，还应善于观察，及时防范，对一些可能出现异端思想的苗头进行暗示或引导，超前化解；当然，教师还应做好经验总结和教学反思，不断增长自己的教学智慧。

（二）提高学生的学习积极性

学生是课堂主体，如学生无参与课堂的积极性，此课堂教学等于是在做无用功。英语教师必须合理设计教学内容，让学生切实得到有效的语言能力训练。教师的责任是担当推进者、激励者和裁判者。教师必须提供给学生更多的实践机会。在英语课堂教学过程中，如果介绍英语国家的相关文化，就可以通过看当地制作的英语电影、教学生唱英文歌曲，用英语与学生进行简单交流等方式进行。结合高职院校学生的实际英语能力，制定合理有效的课堂教学活动，如通过小组讨论、分组竞赛、情景表演等方式来提升学生的学习兴趣，增强学生自信心，为学生提供更多参与到课堂活动的机会。同时，教师还必须意识到课堂教学并不是高职英语教学的唯一方式，课外活动的开展也是极其关键的，为学生营造良好的英语学习氛围，邀请国内外知名的英语教育学者举办教学讲座，开展形式多样、丰富多彩的竞赛活动。组织学生建立英语社团，采用广播、电视、网络等多种方式，为学生创造更多的英语学习环境。

三、重视教学反思能力培养

对于高职英语教师来说，教学反思能力是极其重要的能力，是一名高素质英语教师必须具备的基础能力。教师反思的内容包含教师设计、教学行为、教学评估等多方面的内容。高职院校英语教师需要在教学过程中不断反思与评价自己，分析其中的不足，提出改进的方案。在高职院校公共英语教学这一领域中，大多教学研究不够深入，还有很多的东西值得去研究与探索，有很多的问题有待去思考，如，如何处理好培养目标的顺序与教学过程的矛盾；如何寓基础能力的培养于应用能力的训练中，把二者结合起来。找出这些问题的解决方法，需要教师在教学中不断探索与思考。进行英语教学反思，已经不仅仅是对教学进行分析总结，它是对英语教学的整个过程进行监视、分析的过程，同时是发现问题、解决问题的过程。不断进行教学反思，是每一位优秀教师都必须具备的能力。

四、提高教学研究能力

当前，高职院校公共英语教学还处于基础发展阶段，需要不断进行改革与完善。该阶段是进行教学研究最为有效的发展方式，教师可通过教师研究将教学与研究两者相融合，通过教学研究将自身的技能完美展现出来。进行教学研究可促使教师站在研究者的角度去看待教学实践内容，挖掘其中存在的问题，从理论基础上不断提升个人业务能力。所以，在教学过程中，高职院校公共英语教师还需要不断进行教学研究，对英语教学的认知度不断深入，采用新的教学方式，解决教学过程中存在的问题。在进行教学研究的过程中，高职院校公共英语教师必须要寻找教学过程中存在的问题，将自身成功的教学案例进行总结分析，通过挖掘问题、解决问题的反思方式，来提升个人的教学创新能力。

五、加强实践，做“双师型”英语教师

高等院校所制定的人才培养计划确定了教师队伍应当具备什么素质，拥有什么能力；高职英语教师不仅需要具备基本的专业素质，还应当拥有专业人才具备的教学技能。所以，高职英语教师有时候会面临超负荷的教学任务，但是其学习和实践的机会仍然不能松懈，不仅要加强其专业的知识，还要培养其实践能力。此外，学校应该定期为高职英语教师提供相应的培训机会，还要输送教师到社会进行锻炼，让教师熟悉专业流程；让教师通过多种方式得到锻炼，参加相关考试并获得相应的资格证书，努力发展成为“双师型”英语教师。

总而言之，要想成为一个合格的英语教师，不仅要有过硬的专业知识，还要提高其教学能力，进一步保障其教学质量。但是，我们要知道，教师提升自己教学能力并不是一个在短期内就可以完成的过程，而是一个长期的过程，需

要每一位教师注重日常积累，积极实践、积极思考，不断提高其教学能力，保障其教学质量。此外，不论是学校、科研室，还是其他机构，都要多多给予教师更多的学习机会，进一步提高其专业知识、能力以及素质，例如，建立教师互听课机制。这样教师之间不仅可以互相学习，互相交流经验，取其精华，弃其糟粕，而且能促使教师自身得以发展，为教学改革打下坚实的基础。为了保障教师队伍建设的速度，要特别保障青年教师队伍建设，教学的对象是学生，教学的目标是培养学生，要想培养出高素质的学生，就要先提高教师的综合素养以及教学能力。为了实现这个目的，学校应该根据自己的发展情况以及发展方向，安排合适的有经验的授课老师，为青年教师展开相关培训工作，还要进行相应的考核工作，了解青年教师的培训情况，督促他们快速进步。

第六章　高职院校公共英语立体化课堂教学模式的构建

第一节　立体化课堂教学的内涵

在教育理论不断发展的过程中，立体化课堂教学模式出现，其出现的时间是 20 世纪 80 年代。我们不禁疑问，什么是立体化课堂教学？从多个方面进行分析和研究，可以知道一些关于立体化教学的相关阐述以及内容。①课堂教学立体化有其特殊性，其与传播式的平面结构大有不同，主要是以语篇、人物以及环境三方面来构造相关的立体结构。②语篇教学进行立体化方式。所谓语篇，就是运用一系列的话段或者句子来构成整体，是比较常用的方式，但是其具有一定的局限性，主要受到语言环境的限制。

语篇单位教学要同时满足三个条件，那就是上下文、交际背景以及文化这三个条件，这三个条件具有互相依存的关系，所以，语篇教学一定是立体化的。但是语篇教学要注重句子的研究，其研究重点不仅仅要研究句子的结构，还要研究句子在语篇中发挥的作用。也就是说，句子具有交际功能以及文化内涵，可以进一步丰富语篇的内容。因此，首先，要做好相关的准备工作，为语篇的立体化教学打下坚实的基础，这在一定程度上突破了学生的认知传统；其次，参与到教学过程中的人物也应立体化。这样就赋予课堂参与者“三维”的空间，即学生、教师以及篇章中的人物。

除此之外，还要满足活动的参与度，保障所有人员都可以参与到活动中，并在活动中提高其实践能力和教学能力。在传统的教学中，师生呈现的是一种线性平面的关系，而新型教学中，其更加注重学生学习的重要性。立体化是平面化的对立面，在平面化的基础上进行发展，使其内容更加丰富。

对立体化教学模式进行相关研究，可以知道其实质就是运用教学理念、教学方法、教学实践进行结合，进一步构成一个具有发展意义的教学模式；所谓立体教学，就是在教学过程中，丰富其内涵，制定明确的教学目标，使整个教学过程更加全方位、多样化，给人增加一种立体的感觉，这就是立体化教学。立体化教学需要科学的、先进的技术进行支持和指导，才可以更好地发展。从多媒体网络技术的角度进行分析和研究，可以知道立体化教学需要建立在文化交流的基础之上，以培养学生各方面的能力为最终目标，利用多种教学方式和教学模式，进一步构建一个全方位、多层面、立体化的教学课堂，这也是对传统教学的一次突破。

立体化教学是在多个空间、多个层面的基础上，使教学内容得到进一步扩展，提高其开放性的教学模式。立体化教学是高职英语教育现阶段比较常用的教学模式，其实践性和发展意义都得到社会各界的认可，这也成为人才培养的关键手段，是未来教学的发展重点。同时，还应当将立体课堂与信息时代技术手段相结合，这样不仅可以达到教学目标，还可以在现有课本知识上进一步扩展相关知识，进行更加深入的学习；通过互联网的渠道，将课本知识和互联网技术进行结合，进而建立相关的知识体系。立体化教学的培养方式具有一定的先进性，其教学方法多种多样，可以运用演讲、讲故事等多个方式进行教学，提高课堂的趣味性和学生学习的积极性，进而提高学生的学习效率。另外，立体化教学仍是以学生为主体，在教学的过程中，要合理利用教学资源，借助相关的理论知识，建立一个全新的教学模式。另一方面，立体化教学对学生培养目标提出了相应的要求，即要求其具有知识层次，还要求培养学生相应的实践能力；不仅要有文化交际能力，还要进一步提高教学模式的开放性。

众所周知，立体课堂具有一定的开放性，所以在教学过程中，导致教学效果受影响的因素多种多样，其中包括教师、学生、教学方式，等等；但是系统中的各个因素是相互独立，都具有自己的特定作用。因此，要在各个要素之间确立相应的联系，对其进一步发展，进而形成一个整体，且难以分割，从多角度、多方面去进行立体含义的全面剖析。

公共英语课堂发展了立体化教学模式，将立体化教学模式和传统的教学模式进行比较，可以知道，这两者之间有着巨大的区别：立体化的教学模式是一种新型的教学模式，主要特点在于突破传统教学的局限性。此教学模式要得以顺利展开，就必须要有物质条件作为基础，加之科技的不断创新发展，尤其是信息技术，对人才培养提出了新的要求，对传统的教学观念提出了挑战。立体化教学模式在发展的过程中，从多个角度、全方位、多个层次进行教学活动，体现教学的立体性。

教师在教学时，要注重对学生的引导作用，在对学生的引导中使学生积极思考，积极实践，促使学生的能力得以提高。此模式主要包含教学内容、教学手段、教学方式等几方面内容。简单来说，在教学过程中，要以教材内容为基础，对学生进行全方位的发展，不仅要帮助学生学习基本专业知识，还应当培养其思考、交流、实践等各方面的能力，这样才能够培养全面复合型的人才。在教学评价过程中，要对学生的学习情况以及教师的教学情况进行客观评价，这里的评价要注重两点：一是过程评价；二是结构评价，也就是对其过程和结果都要进行相应的评价。

立体化的公共英语课堂教学具有深远的发展意义，其不仅注重学生的学习结果，还将教学过程作为重点，将培养复合型人才作为主要目标，进一步提高学生学习的积极性，为其长远发展奠定良好的基础。

第二节　公共英语课立体化教学模式设计应遵循的基本原则

所谓教学原则是建立在教师长期教学经验的基础上，其本质就是教师的经验积累，再借助相关理论的支持和帮助，进而制定的基本要求。而高职院校也有着自己的教学原则，那就是立足当前的发展情况，结合高职院校教育特点以及规律，对高职院校的发展经验进行总结。但是高职公共英语教学具有独特性，与其他学科大不相同。总得来说，高职公共英语课堂教学具有四个基本原则：

一、以现代教育技术为基础的原则

在现代教学理念中，十分注重教师、学生、教材等多方面因素的影响，对教学过程中多方面的因素进行深入的研究，进一步将所有因素进行整合，使其更好的发展。所谓教学，不同的人有着不同的理解，简单来说，教学就是师生之间的一种交流，其可以通过对话、合作等多个方式展开交流，这样的交流更加人性化，也使得这种教学模式朝着人性化的方向发展，进而成为一种人性化教学。多媒体技术在思维方面具有一定的科学性、灵活性，等等，这也与传统的教学模式分割开来。所以，应该在教学过程中，以现代教育技术为基础，再对学科特点进行充分的了解，开发课件并将课件运用到课堂之中，即在课堂中可以为学生提供声音、图形等多种信息，活跃课堂氛围，提高学生学习热情，促进学生能力的培养。还可以借助网络的平台，实现网络资源合理化发展，进一步构建真正意义上的立体化的英语课堂。

二、实现教学形式多样化发展原则

在哲学中，有这样一句话：内容与形式两者间是相互作用的关系。因此教学形式的选择，是教学目标是否达成的关键因素，将学生和教师按照一定的方式进行组合，进而形成了一个活动结构，换句话说，就是共同参与教学活动的学生和教师依据时间、空间、人员等方式进行组合。课堂教学的形式多样化发展，不仅可以提高学生们学习的积极性，还可以将学生的学习状态进行转变，由原来的被动学习转变成为主动学习，进一步培养其多方面的能力，增强学生的竞争与合作意识，提高学生的学习积极性。

三、合作性原则

合作，顾名思义，就是非单个人完成一个目标，是通过两个或两个以上的群体结合共同达到目标。进入 21 世纪，我国的教育理念也产生巨大改变，教学已经不是只注重知识的传统教学方式，而是更加注重教学能力培养，注重创新的教学。而合作已经成为现在甚至未来的发展潮流，这也是提高我国综合国力的必要保障。合作性原则要求教师要以学生实际学习情况为出发点，引导学生建立良好的合作意识，建立良好的合作关系，以便于共同实现最终教学目标。

四、实践性原则

实践是认知的基础内容，在学习中占有不可替代的作用。学生在学习的过程中，会形成相应的学习习惯，培养出不同层次的学习能力，此外，还要培养学生的道德以及素质，进一步提高其实践能力。以实践作为英语教学的一个原则，其对英语教学的发展具有积极的指导作用，借助这个原则，就可以很好地区分教与学的关系。在现代课堂教学中，师生之间已经不再是简单的传道授业的过程，两者间的关系已明显改变，是一个赋予激情和生命的过程；在这个过程中，不同的思想之间会擦出不一样的火花，具有不可抵挡的发展活力。教学时要发挥学生的主体地位，促使现代化课堂教学更好的发展。英语教学实践作为教学的重点内容，不仅要将培养学生创新精神作为教学内容，还需要将创新能力的培养作为教学重点，这些都是改革的重点。

第三节　公共英语课堂立体化教学模式的理论基础

一、建构主义学习理论

皮亚杰觉得，儿童也是一个十分重要的因素，其可以与周围的环境发生相互作用，这样可以进一步构建外部知识体系，还可以对自身的发展情况进行准确定位。儿童与其周围的环境进行相互作用主要有两个过程：就是“同化”过程与“顺应”过程。所谓同化，就是指个体受外界的影响后，将外界的信息整合到自己的信息中去。所谓顺应，就是在外界刺激的影响下，使个体的认知结构发生相应的改变。

二、“人本化”观念

20世纪60年代，西方国家提出了人本主义，在人本主义中重点强调了人具有的一系列特性，如自主性、整体性以及独特性，其认为学习是一个主动的过程，个体参与到学习的过程中，要想将其投入全部转变为活动，这其中最重要的影响因素是学生的思维、情感，等等。个人对学习的投入涉及的方面很多，包括情感、行为，态度，等等。从教学方法的角度出发，其核心内容是以学生为中心，给予学生一个比较自由、宽松的环境，让学生自我发展、自我选择，进一步挖掘学生的潜能。

三、学生主体论的教学理念

教学过程中，应当改变传统以教师作为单一主体的局面，必须将教师与学生共同作为课堂主体。教育中的主体性体现在学生身上，其主要的影响因素就是学生的主观意识，进一步说明为了使学生学习的能动性得以提高，传统教学一直以来都是以教师为主导，所以课堂中教师的效用是最大的，学生的主观能动性长期以来都受到忽视，所以教学效果一直不理想。所以，教学过程中要以学生的发展情况以及发展目标为出发点，进一步提高学生各方面的能力，帮助学生实现自我价值。

四、系统论教学的观念

对系统论教学展开分析和研究工作，可以发现其基本思想以及方法，从系统的角度出发，将教学活动看作一个系统，而组成这个教学系统的要素有很多，其中包括学生、教师、学习环境、教学环境，等等。对教学系统进行设计的过程中，要全面考虑到各个要素的影响，进而对学生的学习展开相关的观察、评价以及控制工作。对教师来说，把握学生学习的整体情况，进一步掌握信息、行为并做出相应的控制和规划。对系统教学论的观点进行分析和研究，我们可以知道，要以系统、综合的观点对教学过程进行全面的考察工作，在考察的基础上，选择合适的系统方法将教学活动整体化发展；对具体的教学过程展开分析和研究工作，进而制定相关措施，有效解决教育问题，使教学过程朝着最优化的方向发展。

第四节 公共英语课堂立体化教学模式的步骤

在高职院校的专业里，担负着为国家培养人才的重要责任。此外，因为国家经济正处于转型期，急需要一批建设国家和社会的技能型人才。尤其是在服务行业、加工制造行业、轻工业，更是需要一批高素质的人才。所以，必须提高职业院校学生的综合能力，培养其英文能力，针对不同情况来制定不同的教育对策。在这个过程中，必须要遵循“以服务为宗旨、以就业为导向”的重要原则，这样才能达到最终的目标。

一、上课前积极做好准备——课内与课外的有机结合

不管是老师，还是学生，在上课以前都应进行一定的准备。高职院校的教师，上课前需要进行备课，合理全面地设计教学过程，采用立体化的原则来把握教学课程，采用一系列的多媒体设备，例如计算机、音响、视频播放器，等等，将教材内容进行录入，为学生们提供更多的教学资料，满足教学的需要。同时也适应各种不同的教学方式。不仅如此，教师除了要采用传统的课堂教学方式，同时也可以充分的利用远程教学方式，借助网络来完成教学。例如，在上 Unique Problems in International Trade 的课程的时候，教师必须要先对教学内容进行充分的了解，搜集很多和教学相关的内容。课堂上让学生了解课文，以及和课文相关的一些知识。此外，还需要针对贸易里所产生的一些问题进行详解，让学生明白该如何进行解决。可以在上课之前，充分准备一部分和课堂内容相关的电子教案和课件，对于提高课堂效率是非常有利的。

除了教师，学生在课前也应该做好准备。上课之前，学生需要充分的准备一些资料，这些资料可来自于报纸、媒体以及网络，针对这些有用的材料，进行问卷调查，资料分析，等等，将调查获得的结果，用电子文档或者纸质材料的形式展现在课堂上。学生在课前进行了充分的准备，不但能够提高教学效率，而且学生在完成的过程中，分成小组进行协作，培养了他们的合作协调能力。最后，培养了学生的同时在完成任务的过程中，也学会了与他人合作，收获了合作学习的成果。在学习的过程中，不管是学生，还是教师，都必须站在全面的角度进行思考。那么这样的学习内容需要采用怎样的多媒体形式来进行匹配呢？或者在教学的过程中，该采用怎样的知识产品来进行表达，才能使教学的效果更好？

二、上课时采取合理的方式和手段

教学实施的过程中，教学的方式和手段非常重要，因为这关系到教学的效率。所以必须采取科学合理的教学方式及手段。分析当前的学习环境，很多教师都采用了网络的手段，因为网络中有许多丰富的教学资源，有利于教学的进行，同时也有利于学生获取更多的知识。

对传统教学方式进行改革，可以培养教师和学生的积极性和主动性，最终提高教学的效率。不仅如此，还能够促进学生们养成主动学习的好习惯。不管是报纸、电视还是网络，都可以帮助学生获取新知识。然而课堂却是学生学习知识的一个重要途径，这个途径无可取代。所以，必须重视教学课堂。例如，教师在上 Unique Problems in International Trace 这个部分的课程时，需要借助 brainstorming 来帮助学生了解关于贸易的知识以及背景，等等。在这个过程中，也需要充分地借助多媒体课件，以生动、形象的形式，让学生明确贸易的含义，以及在贸易过程中产生的一些问题。如，什么是关税，什么是财政关税，什么是保护性关税，以及这几种税之间的差异等，都必须让学生进行了解。而且还要让学生记住其中的专业术语，都是学生应该了解的东西，从而制定出相应的情境，让学生对不同国家的贸易行为进行模拟和表演。在这个过程中，学生自然对不同的贸易有了一定的了解。同时，通过表演和模拟，学生也了解了贸易过程中所存在的问题。为了使学生想出办法解决这些问题，教师先要设计出全面而生动的电子教案，促使学生能够感同身受地了解贸易的具体过程，通过参与这些活动，学生便知道怎样借助自身拥有的知识来对问题进行解决，使贸易的风险降低。

不仅如此，教师也可以鼓励学生在活动中充分进行商讨和议论，从而获得更好的解决方式。为此，教师需要设置一些课堂问题，或者采取精读、泛读的形式，让学生对课堂内容进行了解。这个时候，教师和学生之间的互动就显得非常重要了。而且教师也必须借助一些教学工具和材料，向学生更好地展示课堂情境，这些材料既可以是教师课前准备，也可以是学生自己准备。然后，教师再帮助学生创造一个生动的情境，让学生采取合理的方式，将语言读出来，让大家更好地进行了解。在如今的社会背景下，要使学生更好地学习英语，就需要为学生创设一个良好的语言环境。所以，教师在上课的时候，必须将重点放在培养学生的语言应用能力的方面，并且把学生放在核心位置，这样才能使英语课堂的效率更高。

三、课后进行反馈和思考——培养学生各个方面的素质

完成了课堂教育以后，教师还应该引导学生在课后进行思考以及反馈。因为这也是教学的重要部分，其能够促使学生更好地了解课堂内容，巩固课堂知识。同时，通过反馈，教师也能够很好地了解课堂的效果，以及自身的不足。

在高职英语课堂中，效率是由三者决定的，这三者分别是教学目标、教学手段以及教学方式。国家所制定的关于高职英语的教学大纲里，要求高职英语课堂必须培养学生的英语应用能力，即“听、说、读、写、译”这几方面。教师在完成教学任务的时候，必须了解关于高职教育中英语教学的重要性，从而对高职学生的综合能力进行培养，提高他们各个方面的素质，使得他们能够更好地满足社会和企业的需要。此外，高职教师还应该注重素质、品德这方面的培养，使学生们能够在道德、素质方面有所提高，并且具备一定的文化素养，最终成为对社会有利的高素质人才。只有这样，才能满足高职英语教学的需要，达到教学的最终目的。因此，从这层意义上讲，高职英语教学里的“立体化”

也就越来越重要，其要求教师不仅应该有丰富的英语教学知识，能够熟练地采用不同的教学手段，同时还需要具备一定的人文素养和高尚的人格。

第五节 高职院校公共英语课立体化课堂教学模式的实施依据和目标

一、使高职公共英语教学更具创新性

在创造立体教学的过程中，必须树立创新化的思想和观念。在过去的一段时间里，我国的职业教育过于注重技能方面的培养，忽视了综合知识，以及品德素质的培养。该类教育理念的问题在于，过于注重理论，不注重实践，同时也过于注重学科，不重视对能力的培养，知识系统每一个部分都是分开的，没有进行联系，缺乏完整性和全面性，很难进行统一。此外，不注重人文素质方面的培养，促使学生不能进行创新。教学的形式非常单一，课堂互动也很少，学生所拥有的实践机会非常少，难以满足社会和企业的需要。

在这样的情况下，教育工作者必须要建立全新的观念，树立创新的思想，摒弃过去陈旧的教学方式，一切以人为本，尊重学生，以学生为核心，多给他们实践和动手的机会。只有这样，才能充分地激发他们的潜能，培养他们的创造力、思维能力。

二、使高职公共英语教学朝着创新化的方向前进

20 个世纪 40 年代，教育学家古德、布罗菲提出了这样的观念：针对课堂进行管理，目的是培养学生的自主创新能力，而不是对教师和学生进行一定的管控。合理地对课堂进行管理，可以为学生创造一个非常好的学习环境。也就是说，课堂管理仅仅只是一种提高课堂效率的手段，而并非对师生进行监管的措施。我国的谭建华认为，合理地进行课堂教学管理，能够提高课堂的效率。

在这个过程中，必须要对课堂里的心理因素进行挖掘，采取科学的措施，来充分培养学生的自主学习观念，从而达到最终的教学目标。此外，还要对课堂教学结构进行优化，使课堂效率能够得到提高，也培养学生各个方面的素质和能力。

在高职院校的公共英语课堂中，采取教学管理的手段，能够更好地帮助教师实现课堂教学的目标。必须根据实际情况，按照相应的原则，采取科学的措施，进行合理的计划、安排，对过程进行监督，才能够促使高职公共英语课堂系统中的每一个部分高效、持续、稳定的运行，达到最终的教学目标。另外，也需要教师在完成教学任务的时候，必须具备科学合理的管理理念，以及创新的教学思想，这样才能更好地完成教学任务。

三、促使高职公共英语教学内容更加立体化

在教学任务进行的过程中，必须使教学内容朝着现代化的方向发展，这是非常重要的一个部分。上课的时候，教师要摒弃过去的陈旧方式，采取创新的方式来帮助学生获取知识。为了促使学生的知识结构跟上时代的发展和需要，教师要对社会资讯进行关注，将新闻、媒体、网络、报纸中的一些资源用来作为教学资料，放入课堂中。也就是说，必须使教学内容跟上时代的步伐，按照国家制定的课纲，对知识进行整理和整合，在其中融合人文、地理，社会等方面的知识，充分补充学生的知识。此外，也要对课堂资源进行重组以及优化，合理改变教学的内容，使这些内容能提高课堂的效率和效果。而且教师也需要注意学生的关注点，采用敏捷的方式来捕捉社会热点，做到与时俱进，千万不能和社会脱节。只有这样，才能挖掘学生的学习潜力，培养他们的学习兴趣，提高课堂效率。

关于外语教科书中的内容，教师必须要借助教学语言来进行表达，并且采取由简到深的方式，合理地将课堂内容展现出来。在外语教材内容里，拥有世界各国的文化知识，包含了文化背景、地理状况、历史、经济学、民族风俗、宗教信仰等。教师要借助教材中的这些内容，促使学生开阔视野，更好地了解世界。在基础外语教材里，没有这些丰富多彩的人文知识，所以必须选择一些

具有现代特点，内容丰富的教学内容。也因此，所选择的教材也必须贴近生活，和生活息息相关，不能与社会脱节。如今，世界语言的发展速度非常快，所以教学资料里必须有语言理论知识，能够系统地介绍语言的功能和应用。作为课堂教材，除了内容必须跟上时代步伐以外，也要处理好实践和理论，以及语言和文化背景之间的联系，这样才能起到良好的作用，发挥一定的效果。

四、促进高职公共英语教学手段的现代化

2000年以后，网络技术的发展越来越快，每一个行业和领域都在应用网络多媒体技术，同时，教育行业也不例外。高职院校为了培养与时俱进的技术性人才，也要采用现代化的手段和方式，对教学进行一定的改进。这样才能培养出具有时代感、素质能力强的高职英语人才。在国家所制定的高职教育大纲中，明确地提出必须借助一系列现代化手段，例如，计算机、网络、多媒体设备来提高英语教学的效率。邓小平也曾经这样说过："教育要面向现代化、面向世界、面向未来。"长期以来，我国的教育方式都非常落后，主要依靠黑板和粉笔来进行，教学手段也是灌输式的。如今，因为各种网络设备和电子设备不断涌现，所以教学形式也得到了改变，很多教师充分利用了这些先进的设施设备，来对教学进行辅助。例如，长期使用的设施设备有投影仪、电视、计算机、计算机网络，等等。另外，一些经济发达的地区甚至采用了语言实验室等形式，很好地提高了课堂效率。此外，不同的教学软件也开始进行应用。所以，如今已经基本实现了教学手段的现代化目标，而且信息化、现代化也成为教育界在未来要实现的主要目标。

五、促进高职公共英语评价标准的多元化

最后，也要采取科学合理的评价系统，对高职英语教学进行完善、公平、准确的评价。因为这对于提高教学质量具有非常重要的作用。之前，人们采取的评价指标就是考试成绩，这种考核方式非常单一，而且不科学。但是在立体化的教学中，采取的评价指标有许多，除了有书面的，还有其他方面的，而且

不仅仅只对考试成绩进行评价，也要观察其他方面的因素。最后，根据职业教育的一般特点，必须要按照职场的实际情况来进行设计，使考题更加全面，更加立体，更能体现学生的综合素质和能力。

第六节　公共英语课堂立体化教学模式对培养创新人才的作用

一、能够培养学生的积极性

采取这样的教学形式，并且充分利用不同的教学资源，帮助学生建立良好的教学环境，可以避免学生被动式地进行学习。也就是说，教师为学生设置一个模拟的语言环境，使学生利用英语来进行交谈、沟通，等等，合理运用英语，避免教学课堂太枯燥。这样也培养了学生的积极性，使他们能更加主动地进行学习。不仅如此，教师还必须要借助学生已有的知识和经验等，激发学生的学习潜能，培养他们的思维能力。

二、能够培养学生的综合能力

采取科学合理的教学形式，不仅仅只是为了帮助学生掌握知识，更是为了使学生养成主动学习的好习惯，并且激发他们的思维能力、创新能力，主动的参与到学习中去。在课堂上，教师需要尽量使课堂内容和社会进行联系，带领学生完成实践活动。通过搜集资料、社会调查、课堂模拟等一系列的活动，促使学生养成合作学习、自主探索的良好学习精神。在这个过程中，教师还要给予学生自由发挥、施展才华的空间，培养学生各个方面的能力。

三、能够提高教师的教学能力

在公共英语教学里，新的课堂模式向教师提出了非常高的要求，使得教师必须具备课堂教学的能力，丰富的知识，以及大量的课堂经验。除了能够熟练地运用现代化的教学手段以外，更要对教学内容进行合理组织，对学生进行正确的引导。这样才能够促使教学更好地进行下去，培养学生的能力和素质。也因此，教师必须提高自身的教学水平。

第七节　深化改革，进一步提高高职院校公共英语教学质量

一、使高职英语教学实现可持续发展

（一）建立现代化的职业教育思想

1980 年，我国产生了职业教育的概念。因此，职教在我国的发展时间非常短。但是短短的三十多年里，职业教育的发展速度越来越快，职业教育的规模也越来越大。但实际上，很多人都对职业教育抱有不正确的观念，在他们看来，职业教育是无用的。这样的观念是错误的，因此，要促进职业教育的长期发展，建立现代化的职业教育思想。现代化的职业教育思想必须将结构调整作为重点，采取创新的形式，将学生放在核心位置，这样才能更好地进行改革。

（二）建立正确的人才培养观

社会要实现高速的发展，就必须依靠新时代的建设者。如今，人才的培养已经成为一个重要的问题。因为社会的进步，使大家对职业教育也提出了更高的要求，所以要求教育工作者必须转变观念，培养出具有创新精神以及技术能力较强的综合型人才。也就是说，只有建立了正确的人才培养观，才能促进高

职教育的进步。在陈家颐看来，不管是培养职业型人才，还是怎样培养人才，都必须要遵循这几个原则：①培养的过程中，必须使人文精神、科学精神进行一定的结合；②除了要培养学生的创新精神以外，还要培养学生的实践动手能力；③使学生能够实现可持续发展；④培养综合性的人才，满足企业和社会的需要。

（三）构建有高职特色的英语课堂教学模式

职业教育非常重要，其关系到社会的建设发展，以及每一个行业对于人才的需要。而高职院校作为培养职业型人才的重要阵地，必须担负起一定的重责。既要促使学生掌握基本的外语理论知识，又要促使学生能够运用外语知识来和周围的人进行沟通，从而解决工作中遇到的各种问题。

和义务教育有所不同，高职教育既拥有一般教育的共同特点，又拥有自身的特点。所以，高职教师在上英语课程的时候，除了要分析一般教育教学的特点以外，还要对职业教育的特性进行考虑，充分培养学生的文化素质和职业能力。

二、分类、分级地实施英语教学改革

根据上面所说的问题，必须根据实际情况来进行改革。同时贯彻国家的基本要求，严格按照教学大纲来进行，使改革能更好地推进和实施。采取分类、分级的基本措施，对于当前没有进行英语分级教学的院校，借助学分制的优势，将学生放在核心位置，教师对学生进行合理指导。同时根据不同的情况采取不同的教学方式，从分级分班教学的方式，来完成英语课堂教学的改革。采取这样的形式，可以促使改革取到良好的效果，也能够提高课堂效率。具体的措施有以下几方面：

第一是课程分级。先将高职院校的英语课程分为两类：一类是公共课程，另外一类是专业课程。

（一）公共英语课的分级

如果是公共英语课程，那么需要根据一定的要求，将其分为 A 级和 B 级分班来开课。也可按照不同专业的实际情况，将语法、词汇以及听、说、读、写、译分为更多的部分，按照学生的学分来进行安排。例如，高职英语的学时一般是160～240，根据需要必须完成8～13个学分，那么将其分为四类：A，B，C，D，最低的级别是D级别，属于基础非常差的学生需要学习的级别，这个级别的学习内容大多属于高中或者初中的基础知识，将其定为4个学分，80学时。C级别是基础级，要求学生必须达到及格的学习成绩，其共有8个学分，160个学时。B级则为标准级，即一般的学生进行学习的内容，共8个学分，160学时。最高为A级，也就是拔尖级别的学习内容，通常为学习优异的学生需要提高自身，而进行学习的内容，共4个学分，80学时。关于公共英语课程，则和专业课程的区别非常大。所以，在制定教学课时和教学内容的时候，必须由相关专家以及专业教师来协助进行。此外，也可以邀请校外的一些专家，或者专业知识丰富的教师来进行授课。

（二）必修、选修、免修问题

在高职英语教学中，也可以制定必修、选修、免修的制度。根据职业型人才的培养目标来进行分析，高职教育的英语教学必须进行，同时也要按照要求来进行。然而其和本国语言完全不同，必须根据我国的社会背景和就业状况，来对课程进行制定，可以遵循必修、选修、免修的原则。如，根据上面所说的几个级别来实施教学，可以使公共英语的必修课设置为160学时、8个学分。

C类或者是B类，属于必修课。也就是说，学生必须选择这两类中的一个类型，作为必修的课程。选修课的学时是8个学分，160学时。最高级的A级，以及最低级的D级都属于选修课，供成绩最优异的学生以及基础最弱的学生进行选择。也可以将专业英语设置为两类：一是必修；二是选修，根据学生的专业来进行选择。不管是必修还是选修，都需要按照学生的成绩和情况，计入到学分当中。最后，还有一种免修的形式。一般需要免修的，只有两类学生，一类学生非常优秀拔尖，通过了学校的考试，成绩超过了A级，或者获得过相关的奖励等。这类学生通过学校的审批，可以获得免修的机会。通过免修，这些学生可以空出一部分时间，向难度更高的知识发起挑战。另外一种免修的状况，则属于学生基础为零，或者所属的专业不需要用到英语知识。在学校审核的过程中，学生告知学校以后不会从事和英语相关的工作。学校审核以后，学生可以免修，然而不能计入到成绩当中。如果是缺乏这部分的学分，那么则需要通过其他课程，比如数学等来进行补充。需要注意的是，若是学生在将来萌发了学习英语的念头，那么也可以选择重新进行学习。而且学校也可以批准学生复读、重读等。如果是学校或者专业对学生的英语能力有非常高的要求，那么还需要设置 A 类，使其成为学生的必修课。

（三）教学内容与教材

教材应当与教学内容同步分级，按照与其同样分级或者分模块的形式都行。但教材的分级是一项极其浩大的工程，要进行有效组织，并非一朝一夕可以完成的，应当在实践中不断完善。事实上，当前教育部所出台的基本要求与高职英语考试大纲所编制的相关英语教材也在逐渐出版，例如《新视野英语教程》《全国高职高专公共英语教材》，等等。所以，将之前所编制的英语教材进行改革，选择有用的教材，组织其中的内容，进行重新编写材料就行。

（四）教学课程安排

已经实施学分制的院校，教学具体安排应当较为简单，对于那些还未实施学分制的院校，就仅仅某个课程按照学分制进行，组织起来难度极大，但也不是说无法解决。可通过教师指导，以学生成绩和个人选修情况等条件来分班，由教务部门结合这些条件进行统筹安排。当前已经实施分块教学的院校，可将已分级的课程组成模块形式，加入相关教学模式就行。正常情况下，公共英语都应当排在专业英语前面。对于已经完全实施学分制的院校，并不用在意先后顺序问题，学生能够结合自己的实际情况自主安排学习内容。同时，班级人数太多也会导致教学效果受影响，据相关信息表明，有的学校在上公共英语课程时是将不同专业、不同教育程度的学生放在一起，班级人数达到 60 人以上，有时还将多个班级放在一起上课，这样一来，教学质量很难保证，特别是如今一直强调技能、实用性，如此情况，不单教学起来组织难度加大，要融入新方式教学困难更大。因此，建议用小班教学的形式更佳，最好每个班级人数控制在 40 人以下，教学效果会大幅提升。

（五）考核测评问题

学生考核可以采用学分与考试成绩相结合的形式，学分通过学时来确定，成绩就按照一般的百分制，采用等级制划分也行，如 60 分以下用 D 级表示，为不合格；60～69 分用 C 级表示，为合格；70～79 分用 B 级表示，为良好；80 分以上用 A 级表示，为优秀。公共英语课程不管是必修还是选修，只要达到 8 个学分，成绩为 C 级以上就算考评通过。如已完成 8 个学分以上，通过考核的人员，就可将结果记入到学分与成绩中，成绩优秀的人员，还可给予一定的奖励。

结合上述意见，以分级教学作为教学方式，不仅可以使高职院校的教学观念、内容、教材、成绩考核方式等内容都发生改变，还可以体现教学以学生为主体，以老师为辅的实事求是的教学原则。给足学生学习自主的权利，可以较大程度消除学生的学习畏惧心理以及认为英语学习是无用的心理，提高学习的能动性。同时还将教师在课堂上高不可攀的现象，以及学生成绩参差不齐的情况进行有效缓解，老师可全面发挥个人主导效用，对于公共英语教学改革有极大帮助，可以为教师提供更好的教学内容与方法研究的环境，以此来编写更为有效的教材，全面促进教学模式与教学手段的有效改革，不断提升公共英语教学质量。在这种新的教学模式之下，教师必须不断提升个人适应能力，同时提高自身的综合素质。正常情况下，只要教材选对了，教师的教学负担不会由此增加。再加上，班级人数减少了，新的教学措施也可更好的使用。如班级规模改变会增加教师的教学负担，那学校必须采取一定的补贴形式来解决该问题。总的来说，采用当前高职院校所实施的分级教学为主要教学方式，用立体课堂教学模式，可以大大提升公共英语教改效率，切实提高教学质量，为今后的教学奠定扎实的基础。

三、采用立体化教学方式，促进高职院校英语教学质量提升

教学是高职院校创办的中心思想，课堂教学是教学工作的核心，学生通过教学过程来获取知识，提供理论、实践等多方面的内容结合提升个人的综合素

质。近年来，国家经济的快速发展，使国家对外交流越来越频繁，对外交流过程中使用最频繁的当属英文，具备英文能力已经成为时下大学生应当具备的基本能力。所以合理选择教学场所、教学方式对于提升教学质量有极大帮助，立体化教学模式是将教师、学生、教学环境等多方面因素全部考虑在内，将三者的积极作用充分发挥出来。所以，通过以立体化教学为主，其他教学为辅的形式，无论是理论还是实践层面，都可充分促进公共英语教学质量的提升。

（一）理论层面

社会在不断发展，教学模式为了跟上社会的发展节奏，也必须要在不断变化中。教学模式受到的约束条件极多，教学目的、内容、学生认知情况都是影响因素。学校的教学条件也随之不断完善，在教学模式与方式上都呈现出新的特征：教学过程中融入各种新的技术，教学模式已经从传统的单一性转变为如今的多样化形式，需要进一步了解学生的学习情况与认知过程，增强对学生智力开发的关注，切实提升学习效率，使学生在学习过程中可与社会同步发展。立体化教学方式建立在当代教学理论之上，必须具备先进的教学理念，采用现代化技术为基础，可以大大提高吸引力，以此提升教学效率。同时，在教学过程中，还应当通过生动、形象的方式将教学内容展现出来，可以大大提升学生的理解能力，促使学生快速记忆。立体化教学模式是将学生能力培养作为重心，采用多样化的教学模式，构建良好的教学环境，通过多层次的教学活动来将课堂效果扩至最大化。将传统的单一灌输型方式进行有效扩张，促使学生在开拓智力的基础上，还可以切实将知识做到有效运用，同时提高个人实践能力、合作能力，促进学生全面发展。

（二）实践层面

立体化教学模式在公共英语教学中属于一种全新的模式，通过相关教学实践得出，立体化教学方式可以将教师的个人能力充分展现出来，例如，在现代化技术的使用上，教学能力的合理安排以及自身知识体系的完善中，都可起到极佳作用。科学技术不断推陈出新，社会变化速度也在不断提升，知识更新速度逐步加快，所以，如何构建新的知识体系，促进教师综合能力提升是当务之急。站在学生的层面上，立体化教学模式不仅可以大大激发学生的学习热情，还可提升学生的学习积极性，发挥学生的主观能动性，可以形成自主学习的意识，尤其是提高学生表达能力有极大效用。在此环境下，学生学习到的内容多了，自身知识体系扩张，对学生今后分析问题、解决问题的能力的提高都有极大的促进作用。

第七章　互动教学模式在高职院校公共英语教学中的应用

第一节　公共英语互动教学模式的理论基础

无论是何种教学模式，都必须要有理论基础作为支撑，下文中所提到的建构主义、集体动力以及第二语言习得等理论都是作为高职公共英语教学互动模式的理论依据。

一、建构主义理论

在建构主义理论中，把学习者作为主动建构意义的主体，学习不仅仅是单一的信息传递过程，还是将新的知识与学习者自身构建的知识体系相融合的过程。对于学习者来说，信息传递非常关键，但信息传递只仅仅是将信息输入给学习者，无法切实保障知识建构，需要学习者自身去建构才可保证知识的有效性。从中可以看出，学习应当要学习者自身去建构，并非被动接受他人传递的知识。这里所谓的建构不仅包含新信息的意义建构，还包含对原有知识体系的重组。在建构主义理论当中，学习是在一定的情境下，通过人际交流合作获得的知识，并对其进行建构的过程。在学习环境当中，情境、会话、意义建构以及协作是主要的四大属性。学习的最终目标是要达到意义建构。在学习过程中，学习者是主体，教师在其扮演的角色是引导者、帮助者。在该理论当中，认为人们应该进行相互合作获取知识，并自行进行知识建构，孤独的学习者要取得成长非常困难。

结合建构理论，高职院校公共英语在教学过程中应当将教师、学生、环境等各方面因素进行立体互动，将学生作为课堂主体，发挥教师的引导效用，提升学生的学习积极性，促进学生全面地参与到课堂活动中，将获取的知识相互联系，进行有效融合。同时，学生的知识建构成功之后，他们的自信心会大幅提升，对语言信息的内化速度也会随之大幅提升。

二、集体动力理论

集体动力是集体内部拥有的资源，包含内部的凝聚力、规范、冲突、压力等内容，动力会导致集体成员间出现吸引、排斥、合作、竞争等多种情况，对于个体来说，群体的作用性极其明显，个体是随着群体的发展而发展的。在一个拥有共同目标的大集体中，成功最关键的因素在于集体凝聚力。正是这种相互鼓励，相互依靠的集体，才使得所有人愿意将自身的目标与集体目标相融合。团结的集体会给成员带来多层次的增值效用。集体动力理论最根本的目的在于改变静态的班集体状态，使得整个班集体都拥有学习动力。结合集体动力理论，所有学生个体都能够将自动智力、思维能力通过交流互动、相互帮助发挥到极致，在大家的智慧相互碰撞的过程中，构建新思想，促进学生的知识、情感、能力多个方面的共同发展。

三、第二语言习得理论

（一）输入假说

第二语言习得理论当中的输入假说是由20世纪中叶英国著名学者克拉申提出的，对二语习得理论有极大的影响性。在高职公共英语教学当中，此理论的借鉴性极强。克拉申觉得，只有学习者理解语言的意思，才会对此产生学习兴趣，将此情况称为可理解输入。总体来说，就是在学习者学习过程中输入信息比自身的学习习得水平应当要稍高一点。用i+1公式来表示。当中的i实际上就是学习者目前的知识能力，1是指超过学习者语言能力的材料。实际上从克拉申的说法中我们可以知道，他认为这个输入方式无需人为刻意进行，只要输入自身足够的量，再加上习得者对其理解，这种输入就会主动产生。实际上就是，习得是建立在有足够可理解语言基础上产生的，可理解语言的足够性是习得语言的重要基础。结合输入假说思想，高职英语互动教学中，教师对学生的个人能力、兴趣爱好有所了解，结合学生的实际情况提供其感兴趣的材料，让学生能够通过自身原有的知识将新材料通过互动进行理解输入。

（二）情感过滤假说

在克拉申的观念中，可理解输入量足够的环境中，学生也未必一定可以学好语言，在学习第二语言的过程中还应当融入个人情感因素。所谓的个人情感包含态度、需求、情感状态等因素。这些因素实际上都是可调节的，只要经过情感过滤后的语言输入才可作为语言吸收。如学习者学习动力足，学习目的明确，有较强自信心，自然会无需多大的情感过滤，在语言输入过程中受到阻碍极小，正常情况下，都是由输入进入语言习得体系中，由此形成语言习得。相反，就需要较强的情感过滤，对语言习得的形成造成极大阻碍。

结合此理论可以看出，第二语言习得之所以会成功与学习者情感因素有极大关系。在传统英语教学中，基本都存在重知识轻情感的情况，教师将教学重点放在语言知识与教学方法上，对于情感因素的重视度极低。学生对英语的学习积极性、态度、教学环境满意度、教师的亲密感都会直接对英语教学效果产生影响。所以，在高职公共英语教学过程中，采用互动教学模式，教师必须要将教学互动模式以多样化形式展现，营造轻松愉悦的学习氛围，降低学生的焦虑感，把所谓的压力转变为动力，让学生用愉悦的心情去接收新的英语语言知识，并将其内化为自身的知识体系。

（三）输出假设

在著名学者 Swain 提出的“输出假设”中说明，虽然在语言习得过程中可理解输入非常关键，但其不属于充分条件，语言输入与输出都是极其关键的环境，两者是相辅相成的作用。输出理论认为，学习者将自身获取可理解的语言资源输出，结合输入假设理论，在第二语言习得中语言输出可通过以下几个方面对其起到促进作用：首先，语言输入练习对于提升语言表达能力与应用能力有极大帮助；其次，语言输出可将自身的语言知识进行内化，在输出目标语言过程中，学习者能够发现其表达的意思与知识自身所表达意思间的差异，意识到哪些是知道的，哪些是知道不齐全的，哪些又是完全不知道的，进而对现有的知识以及新语言进行整合加工，以提升个人的交际能力。结合该理论我们可以得出，在高职院校的互动英语教学中，要应用互动形式来提升学生的学习兴趣，激发学生对知识的获取欲望，切实提升学生的语言内化与应用能力。

第二节　公共英语互动教学模式的教学目标

教学模式的改革主要原因在于教学目标的更新，教学目标在教学诸多因素中起着极其关键的作用。高职院校英语教学中，可以将其教学目标总结为：以互动教学为主要教学模式，采用多元化的教学互动来激发学生的学习兴趣，通过主观能动性来获取语言知识，将语言知识进行内化为自身知识体系，切实将其应用到日常交际中，为社会培养具备良好的英语基础知识的人才。总的来说，应当从以下几方面入手：

一、提升学生知识获取能力以及语言应用能力

如今的社会，各个行业都对英语应用能力有一定的要求，在各个不同岗位中英语能力要求也有一定差异。但是，作为高职院校来说，培养复合型人才是其教学的重中之重，因此，高职院校在对学生的培养过程中，不仅要让其学好专业知识，还应当使其拥有扎实的英语功底，具备一定的英语交际能力，为今后的就业做充分的准备。所以，高职院校应当注重公共英语课程的改革，将英语语言学习与应用能力作为教学的主要目标。

教学是建立在知识基础之上，这点是不可否认的。高职学院学生的英语水平参差不齐，教学难度极大，所以教师应当先将巩固英语基础作为高职学院学

生的教学重点，基础知识的较好掌握是能力提升的前提。高职公共英语教学的重点也应当放在词汇、语法、写作等内容上，以提高基础知识作为提升应用能力的基础。当前的高职公共英语教学中，互动模式的使用主要是为了促进学生从不同角度去理解英语知识，提升对主动建构知识的理解。

随着世界的发展，英语的重要性越来越突出，而英语教学开展得也越来越深入。对英语这门学科来说，其应用性比较强，而在高职公共英语的教学过程中，始终要注重其实用性。简单来说，英语教学要满足岗位需求，加强其实际应用，所以，高职公共英语的教学模式需特别重视听力和口语的培养，这也间接说明英语教学注重其实用性。在英语教学的过程中，要为学生创造更多的听说读写的机会，让其真正在学习中提升自己的能力，促使学生进行全面发展。经过大量的活动研究，可以使学生的语言能力得到进一步培养和提升，为学生未来的发展奠定坚实的基础，促使学生外交能力和英语沟通能力得到保障，使学生不仅能够具备英语日常交流的能力，还可以翻译文献资料，参加相关英语实习工作，进而展开与英语行业相关的业务和工作。

二、培养学生的合作能力以及交往能力

员工的专业知识和技能是影响其能否成功的重要因素，但是个人良好素质的作用也不容忽视，其可以帮助员工获得更加稳定的成功。在时代发展的过程中，合作能力和交往能力的重要性日益显著，其也逐渐成为现代人应该具有的基本素质，对其生存和发展具有深远意义。学生进行英语学习的过程中，若缺乏必要的合作能力、交流能力，就会使学生产生理解障碍，不能很好地理解别人的想法，也不能很好表达自己的看法；另一方面，这也会导致学生在教学活动中的参与度大大降低，进而使得学生的英语能力难以提高。在学生从学校到社会的过程中，会遇到、认识更多的人，这就说明学生的交流能力越来越重要，在提升交流能力的同时还要注重合作能力的培养。此外，高职人才具有一个重要的特性，那就是必须具有高级技术，而这类人才主要参与的工作都是与技术性有关的。这对学生综合能力提出了更高的要求，其中包括交流能力、理解能力、合作能力，等等，虽然这些都是非技术性因素，但是作用很大。所以，要以发展的眼光看待英语教学，英语教学模式要将提高合作

能力和交流能力纳入到教学目标中去。

高职公共英语采用互动的教学模式，在这种模式下，可以极大地提高学生学习的积极性，让学生由被动学习变为主动学习，在学习中培养其能力。在学生学习的过程中，建立小组学习的机制，培养其合作能力，使学生可以在短时间内高效完成老师布置的学习任务，这样也可以提高其合作意识，了解到团体的重要性。在合作中，学生可以学会倾听、理解以及尊重，进一步提高学生的合作能力，这也为学生的长远发展做好相应的准备工作，满足人才市场的需求。

三、培养学生积极的学习态度

现阶段，就业导向发挥着重要作用，市场不仅注重人员的专业技能，还要注重其非专业技能，其中包括文化素养、精神品质，等等。所以，在高职公共英语教学中，教师的责任重大，其不仅要保障学生的专业知识培训，还要充分考虑到学生的实际学习情况，分情况进行教学，最大限度地调动学生的学习热情，还要注重学生精神方面的培养，积极引导往更好的方向发展。在高职公共英语教学中，最大的特点就是教学的互动性高。在这种教学模式中，通过多种方式为学生营造一个良好的学习氛围，让学生可以全身心投入到学习中去，调动学生学习的积极性，这样可以提高学生的学习效率；此外，帮助学生在学习中获得成功，提高其学习的成就感，这样可以间接培养学生的自信心，进而保障教学活动的顺利进展，保障教师的教学质量，这样可以在学生和教师之间建立一个良好的教学机制，保障教学的良性循环。总而言之，对学生的教学不仅仅体现在其学习效果方面，还有培养学生的精神品质，这样可以促进学生更好地参与教学活动。高职教学的最终目的就是为高新技术职业岗位培养优秀人才，满足市场的人才需求。所以，在高职教育的过程中，要对学生进行全方位的培养，不仅仅要培养学生的专业知识以及综合能力，还要培养其综合素养，特别是文化素养和职业素养。

第三节　公共英语互动教学模式的操作程序以及师生角色

一、高职公共英语互动教学模式相应的操作程序

不同的教学模式都遵循自己的逻辑思路，其操作程序具有一定的特殊性。操作程序在很大程度上决定了教学活动的方式和内容。

（一）创建良好的学习环境

在传统教学中，教师掌握的只有课堂的学习时间，所以教师展开教学活动的时间比较有限，为了充分利用所有的课堂时间，教师就在较短的时间内对学生灌输大量的知识，这样不但不能提高学生的学习效率，还会大大降低学生的学习热情。要想保障学生的学习效率，提高教师的教学效率，就要为学生创建一个良好的学习环境，这样就可以大大调动学生学习的积极性。所以，在高职公共英语教学中，要对当前的学习情况和教学情况进行充分的了解，进而制定合适的教学内容，设定合适的教学目标，帮助学生更好的学习。在其教学的过程中，可以增加提问环节、讨论环节、表演环节，等等，增加教学的趣味性，提高学生学习的趣味性，帮助学生更好地进行学习，在学习中培养其各项实践能力。在这个环节中，其重点内容就是增加教师和学生之间的互动，教师要充分发挥其引导作用，使学生产生想学习的欲望，设定相应的学习目标并帮助其为了这个目标付出努力。

（二）自主学习

对传统的教学模式进行分析和研究，可以知道，学生在教学过程中处于被动地位，简单来说，学生在课堂上只有静听的份，其思考的空间比较有限，而学习的积极性大大降低。古人曾经说过：授人以鱼，不如授人以渔。这句话的意思就是你送给别人鱼，还不如传授别人捕鱼的技巧。所以，教师的教学应该

可以从这个理念出发，展开相关的教学工作。教师应该以提高学生学习能力为教学重点，为学生的学习提供相关的意见和建议，进一步激发学生的思考，使学生在未来的发展中获得一定的优势。互动教学模式的重点主要体现在“互动”二字上，所以提高教学模式的互动性十分重要，给予学生更多的学习空间、思考空间，让学生依据自己的学习情况和发展目标，进而培养自己的能力，这样才可以使学生做到真正意义上的自主学习。在这个环节中，主要是要加强学生和教学内容之间的互动性，培养学生独立思考的能力，促进学生进行自主学习，将新知识和旧知识进行有效结合，加强新、旧知识之间的联系，避免了新知识和旧知识冲突的情况出现，这样形成了自己的观点和看法，大大地培养了学生的主见，促进学生的学习热情获得提高，为学生后期的发展奠定了坚实的基础，做到真正意义上的学习和思考。

（三）合作学习

经过相关了解，可以知道传统的教学模式存在一定的弊端，其教学的本质是填鸭式教学，这种教学模式，教师是教学的主体。而在互动教学模式中，其重视的是老师和学生之间的互动和交流。所谓合作学习，也是提升学生自主学习能力的重要环节，在学习的过程中和教师、同学建立良好的合作关系，一起共同学习。首先，要创建一个学习小组，教师可以根据学生实际的学习情况进行分组，然后再发布相应的学习任务，让学生在小组之间互相讨论，培养学生主动思考的能力，而学生的想象力和创造力也可以得到锻炼。此外，教师在这个过程中，要发挥其引导作用，引导学生为了完成学习任务而积极讨论、积极思考，再讨论再形成自己的观点，并将自己的观点合理地表达出来，还可以进一步发扬团队精神。在小组讨论之后，可以将优秀的小组讨论成果进行展示，让学生进行相应的学习，进一步提高学习的灵活性以及学生的创造性。在这个环节中，可以使学生在课堂上尽情地交流自己的意见和观点，进一步提高其学习能力和逻辑思考能力。让学生在潜移默化中提高其团队合作能力，激发学生学习的自信心。

（四）点评归纳

传统的教学模式有一个环节就是点评归纳，这个环节十分重要。点评归纳环节就是对课堂情况进行点评和分析，而这个环节的主体是学生。学生在自己的小组内进行交流和讨论，通过学生自评、互评等方式，可以对学生的学习情况进行全面的评价，了解学生学习过程中的优势和不足，对其优势要进行保持，对其不足之处加以改进。对评价过程进行剖析，可以知道这个环节的本质就是对课堂情况进行总结和反思的过程，将学生的学习观点进行总结，进一步在学生之间形成共识，后期再进行相应的补充，最后进行相应的完善工作。在这个过程中，进一步增加了教师、学生之间的互动，促使学生进行思考，进一步做到查缺补漏。

（五）延伸拓展

在传统的教学模式中，其教学工作是以课本内容而展开的，而教师布置的作业也就是课本内的课后作业，有统一的标准答案，这样限定了学生的思维空间，也不能拓展学生的视野。在 Banking 的那个教学的过程中，不能将教学内容局限于课本，还要对课外知识进行拓展和延伸。在延伸拓展环节中，学生可以在已经学到的知识的基础上，进行深入的学习，拓展学习的宽度和深度，这也是一个学习和探索的过程。对课本知识进行全面的总结之后，就可以利用自己的空余时间，进行相应的拓展性学习，让学生巩固专业知识的同时提高自己的综合能力和实践能力，进一步培养学生的想象能力、创造能力。

在课堂教学的过程中，会受到很多的因素干扰和限制，特别是时间的限制和空间的限制，所以互动性教学的重点就是摆脱时间和空间的限制，将学习延伸到课外去，展开相应的课外活动。课外活动的主要目的就是培养学生的实践能力和精神品格，所以，不论是课内教学，还是课外活动，其重要性都不能忽视，可以将课内教学和课外活动进行有效的结合，进一步保障教师的教学质量，提高学生的学习效率。在课外活动中，没有时间和空间的限制，可以让学生独立地进行自主学习。而其布置的作业也大有不同，其内容更加丰富和新颖。

在这个环节中，可以打破时间和空间的约束，进一步帮助学生提高其综合能力。值得一提的是，操作程序的各个环节并不是杂乱无章的，而是有理有据，简单来说，环节和环节之间具有一定的逻辑关系，但都是遵循一个思路发展而来，可以依据各个环节的不同内容加以调整。

二、高职公共英语互动教学模式的师生角色

教师和学生是参与教学活动的主要角色，其角色是否理想也是决定教学成功与否的重要因素。在高职公共英语互动教学模式中，其区别与传统教学模式的最大之处就是教师和学生之间发生了明显的变化。

（一）教师角色

现代教学和传统教学有着很大的区别，在传统教学中，学生是教学的主体，而教师是整个教学的主导者，掌握整个教学的进展。但是教师的本职工作仅仅是知识的搬运工，并没有实际的创意可言。在高职英语互动教学模式中，其教学重点是提高教学的互动性和交流性。这种教学方式可以帮助教师对自己的教学角色有一个新的认识，对自己的教学地位进行准确定位，可以用多重身份展开教学工作。

1. 引导者

要想开展有效的教学活动，教学的引导至关重要。教师要积极发挥其引导作用，让学生在学习中积极思考、讨论，进一步提高其教学互动性。让学生由被动学习转化成为主动学习，为未来的发展奠定坚实的基础，这样可以使他们有更多的发展机会。

2. 组织者

要想教学活动进展顺利，就要依靠教师的组织能力。如果教师具备良好的组织能力，那么教学活动就会更为顺利。教师要时时思考教学内容、教学方式，等等，保障教学效果。

3. 促进者

教师的本职工作是进行教学工作，帮助学生学习知识，提高学生的学习能力，在学生遇到障碍的时候，提供相关的意见和建议，进一步提高学生的学习

效率，增强英语的应用程度。

4. 参与者

教师和学生可拥有平等机会和地位参与到教学活动中，特别是在学生的讨论中，可以和学生打成一片，和学生一起发现问题、讨论问题、解决问题，在解决问题的过程中，给予学生一定的建议和帮助，不仅可以进一步了解学生的学习情况，还可以拉近学生和教师的距离。

（二）在学习中学生所构成的角色

在传统的教学方式中，学生就是接受知识的角色，在课堂上教师对其进行填鸭式教学，被动地塑造成传统观念中应该有的形象。而在这种模式下的教师和学生的关系仅仅只是主客关系，学生在学习的过程中已经逐渐失去了主动性，没有主动学习的意识，在这种情况下，教学已经失去了对于生命的最初的意义。学生仅仅只是知识的承载体，不再是一个生命。然而在现代的教学中，师生关系是平等的，在学习的过程中，鼓励学生主动积极地学习知识，积极地和老师探讨问题，教师不再是高高在上的知识的传授者，而是和学生一起进步一起学习的学习者，从简单的传授知识、接受知识到主动地探索知识，逐渐成为知识素质综合提高的人才。

1. 鼓励学生提高对知识的主观能动性

在对知识学习的构建中，学习就是一个对知识的构建过程，学生在获取知识时必将会利用到众多学习的资源，或者是从周围的环境中获得相应的历史经验，以及和他人在交流的过程中所得到的信息。在高职公共英语学习的教学中，学生必须要提高自己的主观能动性，在学习的过程中主动思考，积极探索，认真总结归纳，这样才能将学到的知识融汇到自己所需要的事中去。

2. 让学生成为学习过程的参与者

鼓励学生在学习过程中积极参加各种活动，尽量培养学生的学习主观能动性，让学生融入学习的氛围之中，和教师主动交流学习中的困惑，和同学一起探讨问题。不仅要参加知识性的活动，还可以在日常的学习中参加一些对于教师教学的评价活动，促进师生之间的互动。

3. 让学生成为素质优良的人

学生在学习的过程中不仅仅是学习知识，这样只会使学生逐渐和社会脱轨，在这种飞速发展的时代，社会需要的是全面发展的人才。因此，学生在学习的过程还要积极参加各种教学互动的活动，还有一些提升自我技能的竞赛等，努力将自己培养成一个不仅专业知识丰富而且能力情感都较为完善的人才，在工作中能够很好地将任务处理好，并且还能让大家都满意，将自己培养成社会所需要的全面发展的高素质人才。师生在学习的传授和接受过程中所呈现出的互动关系是建立在平等的基础之上的，无论是教师还是学生都应该关注对方，相互配合在教学中发挥出自己的优势，一起完成任务。为了达到这种要求，教师的自身素质就需要得到更大的提高，必须储备足够的知识，才能够促进学生进行全方位的学习，并在学习中不断锻炼自己，让自身的优势影响到学生。

第四节　公共英语互动教学模式的实施策略

对于公共英语的教学方案的研究，就是为了在教学中能够更好地完成教学目标，由此所采取的一系列的教学方式以及相应的措施。当然，教学的过程中肯定会有很多因素的干扰，有的是关于学生的特性问题，有的是课堂的环境。所以，实行教学方案的意义就在于帮助教师更好地完成教学任务。在高职公共英语互动的教学过程中，一定要考虑学生的特性，再辅助以相关的理论基础，对该教学目标进行相应的创设。

一、使用情景设置的方式

（一）创造合适的情景

考虑到一般高职学生的英语基础都比较弱，对于英语的学习缺少主动性，对于这种情况就要适当地创造一些带有明确目标的相关情景，用这种方式来激发学生对英语的兴趣，通过这种方式来调动学生的积极性。使用情景创设的方式来调动学生的主动性，提高他们的积极性，这样使其在上课的时候就能够积极地投入到学习中去。兴趣是最好的老师，学生对英语的兴趣大，这样学习起来就会事半功倍，并且对于相应的活动都能积极参加。总的来说，情景创设一般可以分为下面几种方式：

1. 创造提问式情境

问题是知识产生的根源。在构建主义倡议者看来，学习的主要因素就和问题情景中的问题相关，让学生带着问题学习，可以让学生在学习的过程中更好地掌握知识，将学习到的知识同化，并将知识赋予更多的意义。因此，在日常的教学中，教师可以从这个角度出发，充分调动学生的积极性，让学生在学习中不断思考，将知识应用起来。教师在提问题时应该要注意该问题对于将要学习的知识的关联性，以及学生回答的正确性，这将关乎学生对知识的学习效率。所以在这时应该注意下面几点：

（1）针对学生的特性，对教学内容、目标以及环境做一定的调整，让学生通过以往所掌握的知识对现在所要学习的知识提出一些问题，这样才能算是真正地设立好情景问题。

（2）这时所提出的问题对学生来说是有启发性的，并且有一定的挑战难度，充分激起学生的兴趣和求知欲，让学生主动思考。不仅要高于学生的现有水平，可以控制好这个量，而且不能够让问题脱离教学应有的目标。

（3）这种情况下提出的问题有一定的意义。

（4）问题要有一定的层次性，深入浅出，要符合学生对这个知识点的认知观念，使不同水平层次的学生都有发挥的机会。

（5）在提问时需要注意方式。从现实的角度出发，要符合事实依据，为学生创造思考的机会，鼓励他们开放性的思考问题，鼓励他们用英语来表达自己的观点。

（6）问题解决的方式需要多样性，既要有小组合作完成的，又要有个人独立完成的。

（7）要对积极回答问题的学生给予肯定的评价，鼓励他们独立思考，充分发挥自己的思维，这样才可以激发出更多创新的答案。

2. 设置有疑点的情景

好奇心是引起学生学习的最好方式，教师在教学的过程中，可以适当地利用学生的好奇，巧妙地在情景中设置相应的疑点，引发学生的思考，当他们想要急切地知道答案时，教师再一步步引导学生在学习中逐渐揭开谜底。这对于学生学习是一种很好的方式。

3. 使用恰当的图像设置情景

教师在备课时可以查找一些和课堂相关的图片和影像，为课堂的学习创造更多的学习方式，将英语的学习变成多个感官共同合作的任务，将学习的难度降低了。有利于充分开发思维，提高教学的可观赏性和实用性。

4. 使用表演来创造情景

教师在布置课前预习任务时，可以让学生准备一些相关的课前表演，使他们对本堂课的知识学习有了初步的了解。这种方式不仅增加学生对知识的认知，也能够激发他们表演的潜能，在娱乐中学习。

（二）要对学习知识有充分明确的目标

学生在学习完成一个阶段之后，应该对自己所掌握的知识和应该掌握的目标进行比较，让学生自己看到学习中的不足之处。在章节中对于一些重要的知识点，要进行优先的排序，并对一些可以拓展的知识做出相应的标记。教师要借助以往的经验对现在的教学目标进行总结，以学生应该掌握的知识点为目标，围绕这些知识点展开复习。引导学生在教学情景中主动学习，并激发出学生对学习的兴趣。只有学生自己的主观能动性提高，学习才有真正的效果。教学目标要在教学的过程中被紧紧围绕，保证所有的活动以及问题的穿插都不会偏离主题。最后学习完成后，应该对知识进行总结，让学生进行自我检测是否完成该目标。

二、对于学生提高主动学习的方式

很多高职学生对于学习缺少兴趣，没有自主学习的意识，在学习的过程中就没法实现真正的教学互动。所以高职公共英语教学要让学生具有自主学习的意识，还要培养他们主动学习的习惯，这样更有助于教师在教学中开展相关的教学活动，也能够使学生所学的知识更多。

教师应该对学生提出自主学习的要求，并给学生传授相应的自主学习的方式以及要学的内容，让学生在学习的过程中发现问题，主动探索问题，寻找问题的根源所在，为小组的讨论做一些准备工作。在学生自主学习的期间，学生大多都是以查找文献的方式进行。教师要让学生进行自主学习，使其充分发挥主观能动性，让学生的潜能在自学中被激发出来，这样学生就能对知识进行更好地掌握。但是教师在下达自学任务之前，必须对学生的水平进行了解，做到因材施教。在学生遇到问题时，可以请求教师的帮助，对不同水平的学生进行不同的指导。要对差生极为关心，耐心教导，增强他们对学习的兴趣以及自信心。由于学生的词汇量较小，教师可以让学生提前预习课文，提高他们阅读的水平，不至于在听课时茫然无措。让学生把在预习时所遇到的问题和一些成果都记录下来，让他们在课堂中一起探讨分享，取长补短。除此之外，教师要在日常的教学中不断向学生灌输自主学习的理念，鼓励学生主动进行自主学习。

三、交流型学习方式

通常为了更好地吸收一些较难理解的知识，可以通过相互间的交流来获得深层次的解读。一般会由教师团队的辅助进行学习，基于教师的引导，充分了解需要学习的目标及相关内容，借助小组、团体活动等形式，共同吸纳各种知识，以满足集体学习氛围的培育。良好的学习氛围和团队学习意识对交流学习有助推作用。同时也方便教职队伍深入到学生群体中，真正地获悉到学生需要的东西，把握学生学习的方向，正确引导每一位学生均能够学习到知识，营造个性化的教学环境，带动大班教育课堂的进步，激发学生的学习潜力，诱导学生的学习热情。

（一）分批分层地进行学习

由于学习层次不同的人有不同的吸纳度，所以最适宜的学习方式就是依据学习进度划分学习小组。具体的分工分组学习形式，一般经由主导教师安排，按照一个班 40～60 人的人数，划分为六个小组，为了避免过多的人数聚集在一个小组内，造成学习进度难以契合，所以适当地调节每一组的组合人数及安排相同吸纳度的人员组成队伍。有些时候为了更好地管理和统筹，也可以按照宿舍或喜好来划分，这样更有助于辅助学生学习知识，并且充分激发学生的学习热情。

实际上，很多高职院校的公共英语教学模式都有自身的一套教学方案，无论从教学实践还是教师的研讨方向，均采取专门的方式进行。有时，教师为了更好地区分教学的层次和契合每一位学生的学习需求，会按照个体差异进行组别划分。而其中同质分组就是组内有着相同学习认知度的学生去替你，这样分组的方式，更有助于教师进行分层教学，提高整体的教学质量。小组学习可以进一步带动学生积极参与到课堂中去，提供给学生接触到深入知识点的机会。另外，校方为了督促学习及确保整体教学管理日程的需求，还会做出同宿舍的分组，就是同一个宿舍的人员被归为一个组别。一间宿舍一般在 5～6 人，这样更有助于课后交流，互相协助完成学习任务。

完成分组后，要开始具体有序的分工，可以辅助学习任务快捷而高效地完成。首先需要确定好每个小组的具体任务，并且安排适当的人负责带动，彼此相互协助，各司其职，共同努力。小组长与其他成员的角色定位可以定期更换，这样可以提升每一位学生的参与性，引导每一位学生均感受到学习的氛围。懂得倾听他人的意见，接受正确的引导，准确把握对自己有用的信息，完善个人行事中不足的地方。

（二）安排组内活动以及制定相关细则

广义上，其实在小组布置任务时，并不会先做好固定的设置，通常会经由一定的教学任务进行配比，然后再做出后续的安排。相同的教学材料中，会产生不同的任务，且按照各自的任务，以及相关指令进行任务，并且按需进行分配。另一方面，为了区分任务的属性及负责人，应当制定详细的准则，以避免出现问题时，无法找到负责的人员，且难以在相应时间内达成布置的工作，做到有序的、有时间观念的展开小组活动。

（三）小组学习活动的方式

（1）在开展小组活动之前，我们需要先进行小组研讨会议。为了明确后期需要进行的工作，并针对某一特定问题展开探讨，明晰每一位人员的工作，进行小组研讨是相当必要的。且提供给后期运作时以适宜的方案及走向。

（2）发挥学生的课堂主导地位。积极带动学生的课堂热情，引导学生参与到课堂活动中去，给予学生发表自我见解的机会，适当的安排课堂演讲，让学生走上讲台，展示自我学习成果，并且选择各种方式完成下达的教学任务。

（3）增添课堂的趣味性，展开课堂扮演活动。学生的学习兴趣可以通过具有趣味性的故事，话剧的形式进行调动，适当地在课堂中加入情节性较为强烈的文章，可以充分引导学习小组了解整篇文章的意义，并对其中的内容有了更深入的认知。

（4）通过课堂小游戏，拓展课堂的教学氛围融入整个教学活动中，使每一位学生及教师均可以充分地享受每一次教学时光。

（5）定期进行小组交流活动。尽管每次课后均会有教师下达的任务，但是小组人员不光需要个人达标，还需要形成共同进步的思想，定期展开学习进度交流活动，可以活跃内部人员的学习氛围，并且拉近彼此间的感情，有助于共同发展。

（6）进行个人的评测活动。对于个人近段时间的学习成果，可以制定审核表格，定期展开个人审视，了解个人的学习进度，明细个体学习成果。充分接洽与大范围下同层次学生的学习距离。

（四）注意事项

（1）确保个体学习认知到位，避免流于表面的学习模式。

（2）教师的角色是起引导作用的，所以必然需要给予学生充分学习的条件和时间，促进其进行学习交流。

（3）教导学生如何进行学习的方式，提高他们的学习热情，培育良好的学习思想，提升自信心。

（4）教师应当站在客观立场引导学生进行学习，帮助学生获得积极的心态，避免走入学习误区。

四、总结学习成果的方式

完成一次学习活动之后，必定要进行学习成果的总结。总结的形式比较多元化，最好的方式并非通过教师直接进行评分，而是经由学生间彼此进行核实和互相评价。有心理学家认为，评价的手法会直观地反映学生的学习热情，延缓评价，更有助于促进学生学习思维的扩散。如果在早期学习中断就给予学生过早的定论，容易导致学生缺乏自信心。肯定或是否定的态度，均会抑制学生的创作灵感，致使他们无法放开心怀的创造。此外，学生之间进行评价，则采用更为接近层次的形式，由于学习的进度是一样的，所以这样的评价方式更加接近实际，而且也更适合学习小组间使用。在评价时，需要先评价学习的内容，为了使学生了解所处学习小组的学习成果，弥补学习过程中的不足之处，这一步十分关键。评价各组学习行为及成效，这阶段需要组别与组别间进行交互。团队学习的最大优势在于可以评判参与程度、团队合作性、自主学习性、学习成效等。借助评价可以提升学生的综合评述能力，培养学生相互协作，共同竞争的能力。通过学生互相评价后，再经由教师队伍进行综合点评，形成系统性的、概括化的，有针对性的教学评分。

五、拓展教学模式

宏观上来说，不难发现课本知识所包涵的内容是有限的，尽管课本内容已经基本涵盖了具体的有针对性的知识点，但是要想真正的吸纳到有价值的内容，还需要作进一步深化。所以为了提升学生的学习深度，激发学生的创作热情，并培育和促进高职学生各方面素质的提高，定期展开自主学习课堂，增加外部交流活动是十分必要的。课堂内的互动沟通，仅仅是主观层次上的，而外部层次上的活动，则作为辅助动力因素而存在。

（1）要求小组对较难的篇目内容进行复述，小组成员各自负责一个部分，挑选一到两篇文章在班级中交流。

（2）相关课堂资料的搜集。尽管书本中有所涉及的内容已经较为全面，但是要想更加透彻地认识课本知识，最好的方法是通过课外阅读及浏览相关知识点，补充课文中没涉及的地方，了解更为详尽的内容。有时，可以着重对个人感兴趣的方向进行资料搜集，这样更有助于知识的吸收。教师也可以适宜提供一些网站及书籍，供学生进行课下交流。

(3) 积极开展各种各样的娱乐活动。学习小组的学习过程并不是单调乏味的，适当加入有趣味性的活动，能够更好地带动小组成员的学习热情。例如，组织进行英文歌曲的演唱、编制话剧，定期进行课堂演讲，或者参与到其他组别的互动中，选取优秀的英文歌曲在课堂上播放，或者定期进行英文电影的播放活动，提供学习分享的契机。

六、注入感情地进行学习和交流

兴趣是学习的前提条件，而喜好则是驱动学生学习的动力元素。学生能够喜爱一门课，甚至热爱授课老师的话，均可以调动其进行学习的热情。这是一种情感效应，也是一种教学互动中进行学习交流的关键因素。高职院校学生学习英语的基础相对薄弱，学习热情欠缺，由于缺乏这些条件，所以利用情感交流来激发学生的学习兴趣是相当重要的。

（一）理解并认可每一位学生

尊师重道是对于学生而言的，但是同样，教师也应当尊重自己的每一位学生，且理解认可他们的个体差异。平等的教学心态是教学活动的关键。教师不能抱着轻视或者偏见去进行教育工作，这样只会招惹学生的反叛心理。尽可能地容忍学生暂时性的失误，做到心平气和地倾听和洽谈，不要讽刺挖苦学生，给予学生以成就感。树立学生的自信心。要放下架子，换位思考，真正地融入学生群体中去，课堂上进行知识交流，课下适当进行沟通，拉近与学生的距离。必要时可以进行通过细节来了解学生的心境，利用诙谐的方式于无形中丰富学生的知识。使学生可以主动地加入到学习中去，形成良性的教学模式。

（二）给予学生足够的自信心

有研究表明，学习的热情源自于个体自信心的带动。有坚定的自信心和抱负，可以更好地驱动学生进行学习。而教师应当给予学生一定的期望，这样可以使学生产生极大的鼓舞，从而能够往好的方向发展。这是教学中一种较为重要的人际效应。教学活动中，学生时刻期盼教师给予平等对待的机会，得到教师的认可和赞赏，对于学生而言仅仅一次激励就可以充分的增加他们的自信心。

（三）营造良好的学习氛围

良好学习氛围的营造，必然会带动整体学习队伍的进步。打造一种和谐的、温暖的、友善且民主的氛围，可以引导学生培育起安全感，使他们可以无所顾忌地参与到交流中，避免一些误解和偏见，有助于多方互助和进步。

七、考察评测手段

课后评分，定期进行模拟测试是教学工作中不可缺少的环节。利用评测活动，可以了解到学生在一定时期内的教学成果，并且充分带动了学生在接下来的时间里，应当采取何种方式进行学习。学生的主体价值以及教师的引导角色，均可以在这个阶段体现出来。而经由教师队伍，至学生群体间相互的评分，均有着效用性。教学评价的核心是为了评定学生在某阶段所获得的可以量化的学习成果。鉴于此，本模式应当摒弃传统的试卷型评价方式，结合现有的教学机制，进行自我评价和教师评价相互结合的手段。最终再将各种评价数据做总结性评价。这样更多地针对教学过程的表现进行评价，避免了硬性的测定，更为人性化。

（一）评价考核的内容和标准

学年总评测的内容涉及平时成绩和期末考核成绩。通常为了得到客观的评分数据，平时成绩所占份额大概在百分之四十的范畴。其中，包含了小组授课成绩、听力能力检测、文娱活动表现、课文复述、日程作业、会话成绩六个方面，总分设置在一百分，基本按照考核的难易度来划分分数界线。同时也为了更好地每一辨识位学生的学习情况，所以均安排了适宜的分值。例如在会话一项就设置了二十分的标准，评判原则是考核学生词汇的掌握量，句法的运用度，应急能力，口语表现能力、流畅度以及小组合作氛围等。不仅考核学生的知识点，还考核学生是否可以灵巧掌握具体的技巧。为了公平起见，诸如话剧表演，小组授课程度、听力测试、文娱活动的评测，均采取不到场不给予成绩的设置。平时成绩以个人为单位，最后递交到总评分之中做出归纳。

期末测试则包括了口试和笔试两大类别。这里的口试和前面提及的内容是有所区别的，前面提及的日常会话考的是灵活性，而这里考的是知识面上的检测。一般都是同一个时段一同展开，先进行口试检测，后再开展笔试审核。这个部分占据了总评分的百分之六十。

（二）备注要求

（1）评价的目的以鼓励为主，不能造成歪曲的风气，不进行攀比和后续审核。教学工作的主要职能是引导学生具有深厚的学术知识，培育正确的价值观等。不能抱着攀比心理进行授课，也不能依据个人喜好进行评判。主要以鼓励为主，引导学生加入到学习活动中。无论是否具备某方面的学习天赋，均可以享受到学习过程中的趣味性。定期进行检测，仅为了了解学生存在的疏失和问题，及时纠正，可以在前期将学生们的问题做出总结，并于后期做出重大修正。不可以指名道姓的进行批评，这样容易损伤学生的自尊心。

（2）小组综合评价和个人自评是相结合的。单纯从个体出发，无法看清自身的学习成效，也不利于了解个人的不足之处，通过小组成员的监督和审核，可以更有助于调动学生有一个系统的学习认知，明确自身的不足之处。及时补充缺乏的知识点。这样也有助于小组成员共同进步，互相鼓励互相发展。

（3）鼓励学生加入到评价活动中去，旧式的教学评价工作基本交由教学工作者进行，依据教师的权威来核实每一位学生的学习成果，某种层面上看是具有偏颇性的，不利于整体发展。学生的教学成效由具体成绩及日常表现组成。所以在本模式中，应当将教师的评价风向进行疏通，加入学生的评价环节，赋予学习享有评价的机会。学生的评价有些时候更为直观，由于彼此的吸纳程度和学习氛围是恒定的，所以更贴近真实的发展形势。这样也有助于发掘自我，发展自我并完善个体成绩，从而充分的调动学生的学习热情，并引导他们积极地加入到评价工作中，形成良性的学习综合评核纽带。

（4）增添教学方式的趣味性，适当地引入时兴的语段或时事，让课堂氛围更加热切，吸引学生加入到课堂中去。教师以多样性的、灵活的、生动而有趣的评价来解说，可以使学生感受到亲近感。在定期的评测环节中，均采取这种模式的话，可以拉近与学生间的距离，并且使气氛保持生机。教师要善于发现学生的优点，积极鼓励他们进行学习，探索自我。

第五节　公共英语互动教学模式的应用

实际上，特定的教学方式应专门设置有对接的教学方向及相关题材，这样才能使教学工作有序而完整地进行。配套的教学条件可以使整个教学氛围更加舒适且成功。由于教学目的的多样性，教学内容也呈现出不一样的性质，其所构建的目标及相关策略均采取适宜的标准，不能够一概而论。由此，高职公共英语互动教学的应用模式也要结合这个标准进行。接下来，我们举例进行解析。针对高职公共英语教学中的具体应用展开探讨。

一、不同阶段的教学主题需要承接在适宜的氛围下

（1）选择适宜的教材并定准方向。具体分析需要进行的教学内容的走向，并且认证探讨后续教学目的，结合学生需求展开设计。

（2）确定主导教学目的，订立方针，并且与后期划分出适宜的知识定向，了解知识目标，并养成合作交流的能力和习惯。激励学生加入到教学活动中，带动学生的学习热情。

（3）实施阶段应当充分调动学习热情，按照设置好的模式展开工作，确保学生进行自主学习、交流学习，总结成果及后续补漏等。

（4）切实有效的策略，补充教学工作的不足之处，并且确保每个环节到位；选择适宜的方式，融入教学环节中，保留适宜的空间，给予学生思考机会。

（5）制定明确的学习目标，并于后期订立检测日程，了解学生学习的成果。

（6）备注事宜是具体的解析本次教学策略中需要关注的难题及解决手法。

二、口语教学中所体现出的高职公共英语互动教学成果

（一）教学指导内容

《新编实用英语综合教程 2》第三单元 Communication by Phone，Section Ⅰ Talking Face to Face（对话练习）。

（二）学生情况分析

有些同学很外向，对于一些问题都有自己的理解，他们都渴望凭借英语的学习进而得到更多的技能以及知识。可他们的英语基础相对较为薄弱，听说能力比较欠缺，不敢勇敢表达。所以，必须加以引导，确保他们可以把实际语境和课本相互融合，进而将自己的兴趣予以激发，创造出条件，使他们自主地寻找信息，收集运用信息；同时必须对学生自主学习进行培养和引导，使用英语和他人开展交流。在进行分组的过程中采用同宿舍分组的办法，这样对于学生彼此间肆无忌惮的交流非常有帮助，同时可以充分地将课下的时间加以利用，开展相关的互动活动。

（三）相应教科书研究和分析

《新编实用英语》是根据高职高专英语教学的相关基本要求编著的一套紧跟时代特征，同时跟高职高专院校相应特点予以紧密联系的全新的立体化的教科书。具有较为新颖的体制编排，假若可以实施行之有效的使用方式，将其所具备的功效予以全面地发挥，定能够收获理想的教学效果，保证学生的英语运用能力得到提升。这一教程所有单元的每一个部分全都是紧密的围绕一个核心，对话练习这一部分是所有单元联系的基本点，涵盖多个紧扣交流主题的对话案例，让学生能够进行模仿，同时配备五个比较小的交流话题，进而展开相应的模拟练习，学生能够一边进行学习，一边展开练习，其目的是确保学生能够在实际的参与过程中学习英语。

（四）授课目标

1. 技能目标

（1）通过培养，使学生具备用英语开展电话交流的能力。

（2）依靠小组合作交流，对学生的交际能力进行培养。

2. 情感目标

（1）依靠积极地参与互动交流，对学生的学习兴趣以及学习主动性进行培养。

（2）通过掌握知识进而感受成果，提升学生的自信心。

3. 知识目标

（1）对打电话的相关日常用语予以掌握。

（2）确保知道接电话的相关用语。

（3）熟识涉及电话留言的日常用语。

（4）知道涉及转接分机的日常用语。

（五）创设情境

1. 创造设置情境

（1）依靠图像来设置情景。老师通过多媒体放一段有关接电话的英语视频，让同学们使用英语对视频人物所做的内容予以描述。

（2）同学们使用英语积极参与其中，对本节课的学习核心予以初步的感知—接和打电话。

2. 目标要明确

将本节课的学习目标通过所创造设计的情景中予以展现。

3. 活动的最终目的

将学生的学习兴趣以及积极性予以激发。

4. 有关需要注意的事情

（1）图像必须紧密地结合生活，生动有内涵。

（2）老师力争多讲英语，使学生能够耳濡目染，给学生形成一个说英语的外部条件。

（六）自我主动学习

（1）老师对自主学习任务予以布置：对书本上有关电话交流的对话进行一个大概的预览，依照相应的知识目的，将里面的常用句型找到，同时独立地将新单词以及词组予以解决，能够对对话的大致意思和语境有所知晓，记录疑难问题。

（2）活动的相应目的

①确保学生能够通过自主的学习来构建属于自己的知识框架，对其主动性以及学习能力予以培养。

②为互相合作学习奠定一个良好的基础。

（七）相互合作进行学习

1. 小组研究讨论

（1）老师对小组的相关作业予以布置，指出所有小组要有一个指定的对话，通过组长的组织将问题予以解决，将句型予以总结，同时演示对话。

有关要求：

①最终的成果展示包括表演对话以及句型总结几项内容。

②在进行演示的过程中多使用书本上的句型。

③在进行演示的过程中必须保证全程是使用英语的。

④确保进行对话的时候需在课本的前提基础上有些新意。

⑤表演过程落落大方。

⑥每个组里面所有的成员都要加入到表演中。

⑦准备一个大概 20 分钟的表演。

（2）小组内部学习总结探讨，将最终的方案予以确定，分角色将所有任务予以完成。

2. 组别之间的相互交流

（1）引导所有组别依次进行展示，开始的时候，让一个同学放一段对话录音，同时将句型予以总结，之后整个组进行表演。

（2）引导所有学生互相提问题，并对问题进行解答。

3. 活动的最终目的

（1）确保学生能够在运用中学习这一语言，依靠相互交流来对自己的口语交际能力进行培养。

（2）积极地培养学生之间的相互合作能力。

4. 有关需要注意的事项

（1）要懂得将相对简单的对话配给能力较低的组。

（2）必须明确相应的任务和要求。

（3）要给予学生一些空间，确保他们能够发挥自己的创造力以及想象力。

（4）要保证每一位同学都参与到互动中。

（八）评价归纳

1. 同学相互评价和自我评价

（1）所有组对自我的表现予以总结和讨论，同时选择合适的方式拉票。

（2）所有组别以及老师都要进行投票，将最好的三组表演组选取出来。

（3）针对所有组的表现，老师给予评价，同时给予相应的分数。

2. 归纳以及总结

（1）所有同学依次讲一句主要句型，同时将所说的归入接电话、打电话、电话留言以及转接分机四类当中的某一类。

（2）针对学生所进行的归纳，老师予以补充和指导。

3. 相关活动的最终目的

（1）引导所有的同学进行投票，将最好的表演组选取出来，保证公正，能够使学生体会到民主气氛。

（2）老师在展开评价的过程中，必须多鼓励，但同时也要对缺点予以指出。

（3）让所有同学加入总结归纳当中，能够使其加强自己对知识的理解，同时确保所学知识可以归入自己的知识框架中去。

（九）深入拓展

老师对课外拓展作业进行布置。相关要求有：将课堂所学到的语法句型开展英语情景交流。不对场景展开限制，所用的语法句型越多越好，所有人员都要加入其中，具有新意，全程以英语交流。将能力予以强化，提升学生的创造力。

第八章　高职院校公共英语自主学习模式构建

第一节　构建自主学习理论下英语教学模式的理论依据

一、自主学习理论

在正常情况下，在我们的概念中自主学习就是学生自己进行独立学习。与他主学习相比，自主学习更具有独立性，两者呈现对立关系。最大的区别在于在学习中学生是否占主导地位。自主学习包含多个特点，能动性、独立性是其最典型的特点。也有人从三个方面去定义自主学习：一是学习活动由自己进行事先规划；二是学习活动过程的监察与反馈工作由自己完成；三是学习活动的控制、调节都由自己完成。在自主学习状态下，学习的条件、反馈、迁徙都是由自己完成的。通常我们认为，应当从维度与过程两方面来对自主学习进行定义。以学习的维度对自主学习进行界定，实际上就是通过各方面学习因素对自主学习本质进行界定。在我们的观念中，如果有关学习的各方面内容学生都可以自主安排，就可称之为自主学习。总的来说，如果学生是由自己确定学习动机，自己安排学习内容，自己调节学习方式，自己管理学习过程，自己创造对自身学习有利的条件，自己对学习结果进行评价，就可以说明这个学生的学习是足够自主的。相反，如果上述学习学生都需要依赖他人，其学习就属于不自主的。自主学习如从学习过程进行界定，那就应当从学习所有活动对其进行界定。一般情况下，如果学生能够自行确定学习目标，制定学习计划，学习进度能够自己控制，自己监控与反馈学习情况，学习活动完成之后会自我反馈、总结、评价，那可以将其定义为自主学习。如果学习过程中所有事项都需要他人安排好的话，那可以认定为该学生的学习是不自主的。

自主学习应当具备下述特征：

（一）自主能动性

与他主学习方式不同，自主学习是由学生自己安排管理学习过程，并不是在外界施压的情形下去学习，自主安排学习活动，进行自我调节最关键在于需要具备学习能动性。

（二）有效性

自主学习的关键在于能够自行调节好学习过程中的各项因素，将所有因素的最大效用发挥出来，所有说自主学习实际上就是采用各种调控方式来使得自身的学习效果达到最佳状态。正常情况下，如果学生学习自主性越高，学习过程将会更好，自然学习效果也会大幅提升。

（三）独立性

独立性是自主学习中一个至关重要的因素，在学习过程中不依赖任何人，完全靠自己去选择与控制，所以学习活动都是独立开展的，但实际上并不是完全独立的。例如在校学生，很多学习时间与内容都不能完全靠自己来决定，教师的指导作用也是不容忽视的，因此还存在一定的依赖性。从此方面上看，我们无法直接将自主与不自主进行决定，需要结合实际情况，确定好哪些学习应当是自主的，哪些学习不一定是自主的。如此一来，才能真正地进行有针对性的教学。我们可以将自主学习当成一种能力，又可将其定义为一种学习活动。从他主的学习方式，演变成为自主的学习，这就是一种能力。自主学习还未萌芽之前，学生基本上都是在教师、父母以及他人的安排下进行学习的。大部分情形都是学生根据成人的安排进行学习，这个过程都是机械性的，连学习活动的调节都无法自行进行。

学生的学习经验与技能在学习过程中逐步提升，自我学习意识也在慢慢增强，对学习独立的渴望程度渐渐增多，慢慢就形成了自主学习意识，从低到高逐步升级。成人主导的方式就慢慢演变成辅助方式，在学习的控制与指导上学生的自主性越来越强。正常情况下，学生学习过程中受到的成人引导、启发越多，获取的经验就越足，就能够更加明确自己的学习目标，学习过程进行自主调节。所以说，在学生自主学习能力形成的过程中教育指导的作用也是不容忽视的。这个活动过程中，教师的指导也是必要的，自主学习并非一朝一夕可以形成的。如今的教学环境，学生还是根据教师制定的教学策略进行学习，教学反馈也是由教师负责，如遇到难以解决的问题时，还是需要在教师的帮助下解决。自主学习过程中主动向他人寻求也是一个必不可少的因素，正是这个因素让我们确定外在帮助在自主学习中起到了极其关键的作用。总的来说，学生不仅要提升学习意识，自行制定学习策略，具有学习过程掌控能力，还需要外在指导作为辅助。在实际教学过程中，应当将两者的关系进行合理处理。

二、建构主义理论

建构主义理论是建立在认知心理学理论基础之上演变而成的。学习者如何利用已有的物质基础进行学习，是建构主义中最为重要的。所谓的物质基础，包含自身学习经验、心理结构、信息来源等内容，是与行为主义、认知主义相比建构主义的优势所在。建构主义认为，学习是建立在一定的社会背景下，人与人之间进行交流合作的过程。它注重挖掘学生的潜力，强调应当将传统填鸭式教学摒弃，采用引导的方式，使得学生能够在基础理论知识之上进行新知识体系构建。在它的概念中，将学习主体定位为学生，教学过程必须围绕学生进行，教师只是所谓的辅导人员；有针对性进行教学，尊重学生的差异性；采用互动式教学模式。在建构主义中将包含情境、会话、协作、意义建构四个属性作为理想的教学环境。

我们可以将建构主义学习观归纳为以下几个方面：

（1）学习过程是学生结合自身的学习经验，自主选择内容，进行加工处理的过程，并不是对内容的简单接收过程。

（2）知识是通过学生个人经验将其进行合理整合的过程，并不是普遍相同的。

（3）知识建构并非单单是凭个人研究出来的，还需要与他人的沟通交流，期间存在社会文化因素影响也是极其正常的。

（4）学习者在构建过程中会存在一些差异，呈现的构建情况是多样化的，主要都是因个人情况不同而有所差别。

在教学过程中实施建构主义，是教学的一次重大改革。该理论不是单纯地将学习环境转变为单一性的，而是促使学习者能够在复杂环境中提高自身的适应能力。它要求学习者树立其自主学习、自主解决问题的理念，更加强调学习者的自主权。该理论强调，教师应当构建可激发学生自主学习的教学环境，建议教师可将日常生活的点点滴滴融入课堂教学当中，鼓励学生结合实际生活情况进行学习，并自主进行教学反思，培养学生自控能力，渐渐成为学习掌控者。当前抛锚式教学、随机访取教学、认知学徒制是建构主义理论基础上新开发的较为成熟的教学方式。

第二节　基于自主学习理论的高职院校公共英语教学模式的操作流程

笔者通过借鉴前人的研究成果，再结合当前高校英语教学现状，特别是非英语专业的学生的学习情况，对自主学习基础上的英语教学模式实践制定操作流程。

一、准备工作

教师需要做的准备工作：自主学习强调的主体是学生，教师应当结合这个特点做好教学准备工作。最为关键的步骤在于了解学生实际情况，包含学生的个人能力、学习需求，以此来制定合理的教学计划。在自主学习下的教学必须要具备这三个基础条件。教学准备与教学自身的能力有极大关系，对于课堂教学是否成功起到的影响更大。

如，在教学SPORT相关内容时，首先，应当了解学生对球类名词的熟悉程度，应当怎么表达正在做的事情，就是我们所说的现在进行时。然后，可以拿一些较为出名的NBA球星作为教学内容，可以让学生用英文来描述有关这些球星的情况。最后，在讲解足球与篮球间的区别时，教师可以上网搜集两种球类的来源与特点。

学生应做的准备工作:课前应当对本单元或者本课时讲解的内容进行预习，搜集课文相关资料，自己用英语试着读一遍，准备课前笔记，以便在学习过程中可以更好与他人交流，对教师所讲的内容也更易理解。

教材的准备：如今的课堂教学方式已经不仅仅是单一的书本教材，多媒体教学也是极其重要的方式。教师应当对教学内容先进行熟悉，合理设置情境，搜集相关的课外阅读内容，拓展教学知识，提升教学效果。

二、操作中的准备

高校要切实实现自主学习英语的教学模式，就应当从以下几个方面入手:

（1）教师应当营造良好的学习氛围，给学生布置任务。想要满足自主学习的需求，融入简单的导入环节是无法实现的，应当由教师进行精心设计，结合实际情况寻找切入点，构建能够激发学生兴趣的情境，使学生能够提高学习积极性。切实对学生的情况有所了解之后，再给学生布置任务，切实为下一步的教学做好准备。

（2）学生主动学习阶段。教师的引导已经激起学生的学习欲望，学生对其产生兴趣之后，自然会主动想要学习知识，如遇到不懂的词语，都会自己去翻阅词典，想弄清楚这个文章所讲的内容到底是什么，才会去搜集相关的资料，在课堂中积极发言。

（3）学生已具备自主学习能力。学生可进行自主学习，也就意味着已经学到课堂的核心内容，不再是围绕着那些生词打转，对于教师布置的任务已经可以较为轻松地完成。这是完成自主学习的关键之处，学习能力不同的学生都能够在这个环节学习到符合自己的知识，感受到学习的乐趣。

（4）学生自主要求学习。在此阶段，学生基本上已经具备顺利完成教师布置任务的能力，自身的自信心大大提升，奠定了独立的基础。此阶段学生已经具备自主思考、主动学习的能力，可以靠自己去解决问题，进入最终的完成阶段。讨论时，学生可以结合自身的理解进行相互探讨，将各自的知识与他人分享，切实达到自主学习的效果。

三、操作存在的不足之处

（一）成功之处

1. 学生学习自主性提升

在学习过程中，学生的学习自主性大大提升，自我约束性逐渐增强，学习动力越来越足。正是这股不服输的动力使得学生学习动力十足，看到别人在学习的同时，自己都不好意思上网打游戏，担心耽误学习就落后于人，最终营造了相互竞争的学习氛围。

2. 师生间的感情大幅增进

师生关系在教学过程中已经潜移默化地发生变化。如果哪位学生不喜欢哪位教师，那必然就可以确定此学生的该门功课非常糟糕。实际上，主要原因在于高校师生关系。与中学时期的学生不同，高校的学生虽然无需教师步步紧跟，但是如教师完全不理会的话学生也会受到极大影响。构建自主学习模式，遇到问题学生可以尽管询问教师，看到学生积极学习，教师自然也很愿意进行指导，课堂教学氛围将会越来越好，教学效果也会随之提升。

（二）不足之处

1. 如何使学生长久保持学习积极性

对于教师所采取的新教学方式，学生刚开始充满浓厚兴趣，都很愿意配合，但是过了一段时间，没有了新鲜感，特别是在学习过程中遇到自身不感兴趣的内容时，学生的学习积极性就会慢慢磨灭。所以，应当如何使学生长久保持学习积极性，是一个极其关键的课题。

2. 学生没有做好课前准备，影响教学进度

如果在教学过程中，学生不配合教师，教师在讲解过程中会大大增加工

作量，预习的内容还需要安排时间来讲解，原本制定的教学计划受到影响，教学效果自然会大大降低，浪费了原本不该浪费的课时，导致实验效果受到极大影响。

实际上，自主学习就是将主体的自由性展现出来，就是为学生营造良好的学习氛围，使学生可以轻松愉悦地学习，为学生的主动学习打下坚实基础。

第九章　高职院校公共英语“基础+专业”教学模式的构建

第一节　公共英语“基础+专业”教学模式的含义

所谓基础英语，就是非英语专业人员学习的英语，与英语专业课程相比，其教学以实用性为主，将语言能力培养放在重点位置，主要目的是将基础语言与实际应用能力结合起来共同培养。就是将现在必要的听、说、读、写的英语基础能力先掌握全面，对于无法直接翻译的内容可以借助词典来完成翻译，可以在日常涉外业务活动中具备基础的交流能力，为今后的英语能力提升奠定扎实的基础。

专业英语是明确到某个职业，与职业密切相关的英语。英语学习如从广义方面来看，实际其与所有职业都有联系。高职公共英语教学是此文中探讨的核心内容，并非专业英语教学；教学内容是结合某个职业需要的英语内容制定，是为了学生在今后某个工作岗位上可以切实使用的知识。正常情况下，专业英语学习都是在公共英语中的基础英语教授基础之上，加入此专业需要学习的专业内容，实则就是把英语基础能力通过整合完善转变为应用技能，也是当前高职公共英语教学所要达到的目的。因此，对于学生的具体情况，学校都必须进行详细了解，再联合当前的社会就业形势，联合行业相关技能要求，及时更新公共英语教学内容，提高教学的就业导向性。

基础英语与专业英语共同教学的模式实际上就是指高职公共英语教学必须将基础与专业两项英语教学要求相结合。总学时应当至少 180 个。实际教学内容就是将基础英语与专业英语融合在一起，或者说是在基础英语教学当中融入专业英语知识。应该结合学生未来的就业情况，以模拟就业岗位实际情况为主来制定教学方式，将应用能力作为教学的最终目的，切实提高英语使用能力。同时还需要结合学生的专业来选取合适的教学评价方式，以此来提升公共英语教学效果，提升公共英语教学在学生今后工作中的实用性，切实让其实现学以致用。

当前高职院校公共英语教学中的基础与专业模式联合教学主要从以下五个方面体现：教学目标、理论基础、操作步骤、实现条件、教学评价。若是通过高考考上高职院校的学生，在高中时期就学习过英语知识，因此在入校的第一学期应当联合学生的基础情况选择适当的基础英语教学，第二学年主要是进行专业英语教学，但依然不能忽视基础英语的重要性，还是必须与学生专业相连，将基础英语与专业英语两者内容进行完美结合。比如，当前很多工作都对员工英语水平有较高要求，可通过在第一学年安排基础英语教学，第二与第三学年主要进行专业英语教学，但同时需要对基础英语知识进行巩固加深。总的来说，应当在够用、实用两个方面去判断该教学模式的可行性。

第二节　高职院校公共英语“基础+专业”教学模式的构建

一、理论基础

（一）情境认知理论

1. 理论含义

我国所采取的英语教学方式一直以来都过于传统，并未将先进教学理念融入其中，该方式实际上是改善我国英语教学现状的极佳手段。该理论认为，只有学习情境足够丰富，学习者才能够将自身的主体功能发挥到极致，切实将学习到的内容利用起来，才可达到良好效果，如教学中无情境设置那必然此教学是无效的。情境在该理论当中极其重要，学习与情境两者是相互融合的，是切实地感受真实情境，特别是对于学生来说难度较高的外语学习，情境的辅助作用更为关键。学生通过情景来对知识进行熟悉并对其进行建构，将课堂上学习的内容切实地使用到生活以及工作当中。

2.情境认知理论的实际效用

高职公共英语教学在情境认知理论中的使用应当是将其中的情境设置结合学生未来的工作情况来创设情境。不仅需要教师来传递知识信息，还应当进行自主学习，在实践当中提升学习效果，特别是以实用性为主的教学目标，更是应该融合基础与专业两个方面的知识。

教师应当将所有的教学资源进行合理分配并利用于基础英语教学当中，创造仿真的教学情境加强学生的语言实践能力培养；教师可通过创建与未来职场有关的情境来进行专业英语教学，联合不同专业、英语基础不同的学生制定科学的仿真教学，让学生可感受到未来职场的氛围；与未来工作具有一定的接触，掌握与未来工作有关的英语知识，在未来的工作中可以较好地解决涉外相关业务，可用英语与他人进行交流沟通，以此提升个人的就业竞争力。

（二）能力本位理论

1.理论含义

提升素质最为关键的在于提升个人能力，本研究是以职能能力作为主要研究内容，所以可以看出职业素质中必不可少的一部分就是职业能力。当前在职业能力上的相关定义，国内外有以下几个方面：

以能力本位教育为主的北美的 CBE（Competency Based Education）理论着手，其最为关键的能力实际上就是在从事该职业应当具备的基础知识、技能、操作能力、经验，等等。在职业教育当中，此定义受到了广泛认可，对职业教育的影响性非常大。从结构上看，职业能力是涉及诸多因素的，重点强调其综合性。从职业能力形成过程上看，其与一般能力相比较为特殊，必须要具备一般的能力，才可以在其基础之上渐渐地转变为专业能力。

2.能力本位理论的实际效用

能力本位实际上就是强调在高职公共英语教学过程中，应当结合学生的实际专业情况选择适合的教学方式。高职公共英语教改主要目标是为了使学生在个人英语基础能力之上进行英语应用能力提升，以此达到高职英语教学的主要目的。所以，高职公共英语教学应当结合就业实际，将理论知识与实践相结合，课程制定应当结合学生的实际专业方向，以专业所要求的英语能力为主制定课程内容。教学应当以工作岗位实用性为主加以实施，考核不仅要注重结果，还需要注重过程的评价。高职公共英语教学如以能力本位理念为主，必将会大大提升教学实用性。

二、结合高职院校特点制定教学目标

（一）确定教学所要达到的目标

对于任何教学来说，教学目标的确立相当关键。公共英语教学目标应当与院校的特点相融合，其意在于将基础英语与专业英语融合起来进行教学，将高职英语学习实用性大大提升。实际上，就是将基础与专业两种英语内容结合在一起，并一起进行教学。基础英语是为了提升学生英语基础能力，专业英语是为了提升学生专业英语能力，在原有的英语基础能力之上进行不断提升，为专业英语的学习做足准备。除了需要掌握的基础能力之外，还必须将这些能力切实地转变为实用性的能力，才能够在今后的岗位以及社会生活中切实实现其作用。如此一来，可以将英语知识转变为个人能力，遇到任何英语有关的专业交流都可以轻松应对。

（二）结合学生实际英语能力

高职学生在入校时英语水平基本都是参差不齐的，要真正地实现水平匀称，采用普通的一致教学方式必然是无法实现的，无法切实用于所有学生。学生的水平、能力、知识体系等方面都有所差异，所以采用一致的教学目标之下所得到的教学效果也会不同。所以，要使得所有学生都能够取得应有的学习效果，可制定阶段性的教学目标。可以结合学生的基础能力、学习能力、知识存储量来进行分组教学，采用因材施教的方式进行有针对性的教学。同时，教学评价必须要在多个学习阶段中进行，再把每个学习阶段中进行的评价结果融合在一起，将教学目标进行层次划分，对于激发学生学习兴趣与提升学习效果都有极大帮助。

三、构建基础英语与专业英语衔接性的体系

操作程序的制定在教学模式中非常关键。构建基础英语与专业英语融合的教学模式，应当先制定切实可行的操作程序。开展高职公共英语课程最关键的目的在于为学生今后的工作奠定基础。本文选取西南部某高职院校的护理专业学生作为研究范例，结合护理专业学生今后的就业方向制定合理的公共英语教学策略。所以，在公共英语教学过程中，就应当与护理学专业相关用语相符，冲破学习障碍；与实际的岗位要求英语水平为准，制定合理的教学目标，构建科学化的教学体系。

（一）制定课程目标

课程目标设计应当包含知识、能力、素质三大方面。以知识为主，主要是将学生的英语基础知识打牢，为之后的专业英语学习奠定基础，以便基础英语可以更快速过渡至专业英语。听说读写译都是英语教学中必不可少的，针对不同专业学生的不同专业要求，将这些方面的知识进行差异性教学。以能力为主，主要是培养学生的英语应用能力，将基础英语真正地使用于专业英语当中，使得公共英语切实在学生的今后工作中取得效用，为其在工作岗位的发展奠定基础；以素质为主，将提升学生的综合素质为最终教学目的，不断锻炼学生的口语交流能力，在未来工作中可实现跨国交流。

（二）选定课程内容

通过选取西南某高职院校学生为研究案例，对其公共英语掌握情况进行调查，分析不同专业学生的听说读写译五个技巧的掌握情况，专业不同自然学习的侧重点也会有所差异。因此，护理专业学生的公共英语课程设置应当结合该专业的就业要求，在学习过程中将重心放在阅读与翻译上，为学生今后的工作交流奠定基础，切实提升学生的英语应用能力。

（三）课程实施

将西南某高职院校三年学习总共分成六个学期，实际上只有前四个学期学习公共英语。结合基础与专业联合的教学方式，第一学年的英语学习只要结合英语等级考试制定学习内容，将重点放在语法学习上，帮助学生熟悉英语语法，以通过考试为目的进行教学指导。第二学年主要教授的是专业英语知识，当中最为重要的知识点必然是专业词汇，不同的专业侧重的学习点也会有所不同，主要结合本专业的英语要求以及应用能力要求进行教学。还应当在专业英语教学过程中，将基础英语知识进行巩固加深。第四学期实际上就是提升专业英语应用能力，将重点放在专业性的教学内容上，对学生未来的就业岗位中所需应用的英语进行整合，制定相关任务，设定学习情境。

可用四六比例的方式将基础英语与专业英语教学进行分配，在公共英语学习中，基础英语的内容占40%，专业英语的内容占60%，将两者结合起来教学。选取护理学专业学生作为研究案例，大一所学的公共英语应当将重点放在巩固学生的基础听说读写译能力上。还需要对学生的专业护理英语知识有所了解，将公共英语作为护理专业英语学习的助力。大二就应当开始学习护理学专业英语，第一学期就应当让学生对护理学的专业词汇进行全面掌握，提高相关文献阅读与翻译能力，日常护理所需的英语专业口语表达能力也应当全面提升。主要目的是为了提升学生的护理英语成绩，为今后工作做准备。可采用项目开发计划、说明书、可行性报告等方式来提升学生的英语撰写规范性。

四、构建基础英语与专业英语知识衔接的实现条件

教学模式是否能够成功，具备实现条件是非常关键的。基础英语与专业英语共同教学的教学方式，应当将教师、环境、内容、方式等多方面内容都考虑在内。

（1）能否切实实现基础英语与专业英语的完美衔接，就应当先构建完美的教学模式。最为重要的事项必然是先明确高职公共英语教学的发展方向，选取的英语教师都必须具备下述能力：第一，有扎实的理论知识是必要条件，对于

自身教导的专业熟悉程度极高。第二，还需要具备一定的英语能力，对于专业中所需要使用的基础英语与专业英语知识都能够流利描述。要切实提升公共英语教师的教学能力，就应当从以下两方面入手：

①学校定期开展教师培训活动，全面提升教师综合素质：在平时的假期时间，高职院校可开展教师培训活动。一方面可以让教师去医院中熟悉医院的文化以及提升个人专业操作能力，通过定岗培训的方式可使教师了解到当前行业的最新消息，使得在教学过程中，不仅可以传递简单的学习技巧，还可以融入行业相关知识，将理论知识与实践进行融合。另一方面可以充分利用当前学院的资源，全面提升教师的能力。利用相关教学讲座的开展，提供到外学习的机会来切实提升教师的英语能力以及教学能力。为了全面促进教师专业发展，高职院校可以将英语教师以专业为基准划分为多个组别，根据能力来选取小组代表，主要来设计教学方案，课堂实施工作的制定，促进各位教师之间的专业交流，加强沟通协作，一起共同进步。在专业英语教学时，基础英语教师可以进行听课，学习与专业英语相关的内容，对于在授课过程中融入专业英语有极大帮助，以便学生在今后专业英语学习中更为轻松。

同时，在基础英语科研活动的开展过程中，专业英语教师也可以积极参与，以便寻求更为有效的教学方式。如此一来，不仅可以完善英语教学体系，还可以提升英语教学效果。

②英语教师自身：公共英语教师应当提升自身的专业知识能力，对其所教授的专业知识增加了解程度。特别是负责教授英语基础知识的教师，对于专业英语的教学背景、专业知识以及教学大纲内容都必须要进行深入研究，清楚了解该专业今后的就业情况。同时，还必须与相关专业的高水平教师进行多交流，以今后就业情况为主来构建合理的教学方案。以学生实际水平为基准，适宜地在基础英语教学中融入专业知识，为社会培养出栋梁之材。专业英语教师应当不断学习，提升个人水平，拓宽知识面，完善教学方式，采用双语共同教学，提升学生的两种语言能力。

（2）以体现高职院校教学特点为主，联合专业特性制定合理的教学内容。高职院校的教学必然应当展现高职教学特色，将基础英语与专业英语融合，主要原因在于基础英语所使用的情境不同自然表达的内容也是有差异性的。必须联合学生的实际专业知识掌握能力，再结合目前该专业的就业形势，将所有的教材内容进行熟悉，选取有效内容进行整合。

教学内容必须要结合教材与课堂两方面的情况。构建基础英语与专业英语结合的教学模式，从教材方面去协调好两者之间的关系，教学方面应当制定灵活的教学方式。将基础英语与专业英语的知识融会贯通，缩小两者之间的教学跨度，做好有效衔接。

①应当结合专业要求与岗位需求选择英语教材：在教学中，教材的选择极其关键，在教学模式构建上起到不可替代的效用。结合学生的实际专业需求，公共英语教材的选择应当以满足学生未来就业需求为主，结合专业的特点，选择适宜的教学材料。著名学者杜威曾经说过："将学习对象与某个有目的的活动相连起来，是教育史上极其重要的论题"。学习的英语基础能力自然都是通过基础教学来奠定的，提升专业能力必须要通过专业教学来进行，两者都是学生就业中不可或缺的内容。因此，在选择教材时，教师应当联系学生的实际情况进行。双语教学是专业英语当中极其关键的内容，在学生英语基础知识巩固的同时切实将其的应用能力大幅提升。可以让具备基础英语能力与专业英语能力的教师来共同编制基础英语教材内容。以学生实际基础英语需求入手，基础英语教师相对了解学生；而专业英语需求方面，专业英语教师对学生的了解程度更高。只要两者共同发挥自身的优势，就可以编制出与基础英语、专业英语两个内容都紧密相关的教材。

在专业英语教师对学生的专业水平有所了解的基础上，还可通过向企业中从事该专业岗位的工作人员学习来提升个人专业能力；可与已经毕业的学生进行交流，探讨英语知识中哪些最为实用，结合知识的实用性，制定合理的英语教材，提升教学的灵活性；邀请企业相关人员与教师一起制定教材，促进企业与学校间的联系，由此便可保证学生所学的知识更具实用性。

②课堂教学内容可根据不同的教学对象制定不同的内容：教学内容的制定应当结合教学对象以及教学目标来进行，还需要结合社会经济发展情况制定。此次笔者是以西南部某高职院校护理专业为例，结合此专业的培养目标，将公共英语教学划分为以下两个方面：基础英语、护理英语。提升知识能力是基础英语教学的主要目标。将实际的校园生活、就业环境情况融入教学中，以学生

通过英语等级考试为目的进行教学，同时还需要符合学生今后就业岗位的工作需求。同时，还应当在其中加入简单的专业词汇与用语；应当结合护理学教学特点进行教学，将护理学的基础知识、特征、操作程序等相关专业词汇融入教学体系中。此次笔者调研所选的教材是护理学专业英语实用教材的第三版，教师可结合此教材进行知识的延伸。权衡英语教学中的各项因素，切实为学生找工作打基础；实习过程中英语技能应用能力，或者说进行工作场景模拟，提升学生对未来职场的适应性，拓宽知识面，增强知识应用能力，将基础英语与英语使用技能完美衔接在一起。

为了更好地凸显教学的核心内涵，本次护理学英语学科授业的主题主要针对几个方面进行设置。首先，板块一作为常规交流模块，一般可以加入一些如问好、道别、问路、气候询问、道谢、邀约、庆祝等词句的应用。其次，可以适当加入商业造句，换言之可以融入一些实际职场中会使用到的字句，有助于往后职业生涯的活动。例如，一般的通信用语、线上交接、求职谦辞等，此外，还可以针对任职部门做出评析，可以进行专业素材的编译、进行国际性交流等。最后，还可以拓展团体交流和培训，实现个体价值的反馈。这种英语教学实践的模拟方式，更好地贴近了当代求职教学活动的需求，同时也切近了单个听读写模块训练的需求；对于日后阅读及听力均带来良好的促进效用。同时，值得一提的是，本次课件的设置，基本按照课堂的历程安排，涉及听读写训练、文档阅览板块以及实际的文档书写活动。不同的版块均由相应的课件构成，有助于日常交际和课上交流。从直观角度解析可以看出，这组课件十分适用于与客户进行电话通讯，方便洽谈商业项目，有效促进了与客户的沟通技巧。不难发现职场用语的编译和学习，是提升个体应对职场活动的关键元素，是推进相互发展的必由之路。并有助于课件的进一步完善，对推进英语课堂有着积极价值。

（3）实践与理论相结合的教学模式更有助于推动教学日程的进度。宏观立场上，我们可以清晰地了解到，高职课堂不单纯是限制在室内课堂的板书活动中，还经由实践活动带动发展。高职公共英语教学工作尤其需要重视实践活动的展开，从而可以更好地深化高职公共英语教学的质量，并且有效地促进教学模式的提高。我国传统英语教学方案已经摒弃了众多冗余的因素，吸纳了更加领先的体制，符合当代教学本质的需求，使整个教学系统更加完善。

①传统模式与专科学术相互融合的教学形式：高职英语课堂的授业过程，既可以经由教师手把手传业授课，同时又必须加入适当的灵活元素，调动课堂上学术的积极性是十分必要的。公共英语教师可以适当将涉及校内活动的各类手段融合到课堂实体之中，让学生感受到新鲜感，并且进一步拓展英语教学的活动版图。例如，可以通过课堂外的一些竞赛、社会会话、校园报章刊登英语文章、话剧角色扮演等，这些活动均有助于提升学生的学习热情和学习成效。此外，高职院校借助多媒体技术，也可以有助于抬高专科术业知识的传播，利用视讯媒介，将课件接洽当下的流行话题，加入英语专业术语解析，可以贴近学生的生活，且引起学生的共鸣，使学生更有学习的信心。除此之外，还可以通过搜集英语学报资料、进行听读写练习、提供基础英语学习策略来巩固英语知识；定期邀请专业团队到校内进行演讲访谈，拉近与学生的距离，让学生更早接近就业方面的活动。

②拼合专业授课与基础知识的教学两大层次的教学手法：公共英语教师还可利用假期时间，给学生分配相关的专业实践任务，安排学生到相关企业走访学习或者实习，提前了解真正岗位对公共英语的需求，激发学生学习动力。高职英语教学工作不仅可以采用多媒体技术进行辅助，同时还可以连通其他的线下活动进行发展，拓宽授课的宽度。学生可以自主进行学习，了解各个岗位的专业诉求，并且提供平台让学生可以先行适应到职场生活的发展方向，让学生可以切身融入丰富的教学活动之中。同时，校方与一些企业签署人才培育计划，链接与专业院校和成熟企业的发展桥梁，建立实训基点，促进校企交流，营造一体式授业模式。

（4）生动和形象的授课模式。高职院校公共英语学科的学生要想更好地融入课堂之中，首先培育个人兴趣是很关键的，但是同时也需要承接在教师授课的趣味性上。一节课的时间并不会很长，数十分钟的课堂转眼间就流逝，这中间需要教师具备深厚的学术知识，同时更多的是需要教师赋予课堂以生动而形象的内涵。让整节课不会显露出枯燥乏味的样子。塑造坚实的授业形象，提升情景模拟和交际驱动相结合的教学方式，让学生充分融入课堂之中。

人们说因地制宜因材施教，实际上就是需要教学队伍有针对性地进行授课。按照教学方向订立确切的专业教学方案。例如护理学科的队伍，就应当按照岗位特征，设定较好的英语学术技巧和编译水平，使护理专科学生均可以受到良好的双语学习，从而引导该专业的学生具备成熟的英语知识。

完成课堂教学工作后，安排一定的课后作业是必需的，一是为了巩固课堂知识，二是为了学生可以有一定的后续基础，方便日后做进一步的教学。教师借助网络技术来授课，一方面改善了传统板书的繁杂和耗时，另一方面也进一步实现了全景教学的需求。通过融合学生的专业方向，可以更快地设定好语言训练环境，无须经过多个程序。教师在实践训练中，适当加入一定的专业求职意向、实习培训的情景故事，以满足学生的基本会话需求，促进了学生的专业英语能力提升。

(5)模拟教学按照实际岗位设定方向进行安排。高职公共英语的教学程式，通常经由基础课堂和实践课堂相结合，一是为了构造出稳固的学术基点，二是为了体现出授业的质量。公共英语的基础英语知识及专业知识均需要切入实际的职业方向，以避免脱离需求进行语言教学。同时也需要适应学生的专业程度，避免游历在学生的基础知识面上。模拟教学的目的是为了使学生可以更加贴近实际职能的走向，所以在高职公共英语教学互动中，大多数在后期就设置了相关课堂，以满足学生队伍对工作岗位语言的应用实践。为此，在大多数模拟互动课堂中，均体现出浓重的职场氛围，可以辅助学生更好地融入。针对学生的专业学习和未来职业发展，以英语读写听译为主，加入适当的实践，最终帮助学生走上正确的从业轨道。

①模拟职场环境，设置现代型教学平台：教师可以适当地采取现代化的教学设施及各类教学资源实现专业共享和资讯交流，并构建起稳固的职场授课环境，落实高职公共英语教学环境的设置，并提供给学生队伍以良好的术业平台，充分接洽基础英语知识，以及掌握必需的专业会话技能。

②将教学实践化，促进教学环境与就业相融合：高职公共英语教学必须融合实际就业情况，将实训教学融入教学当中，促进学生与就业岗位间的融合。在教学环境的构建中，教师可以联系实际的工厂、企业的环境将其带入教学中，使得学生可通过教学实践对教学语言的熟悉程度不断加深。在教学过程中，公共英语教学可以针对学生的基础英语能力进行提升，重点培养学生的英语应用能力，结合实际的专业就业方向布置工作任务，采取互动交流的方式，让学生

进行角色扮演，再结合教学内容安排实训活动，使得学生能够在实训中切实提升英语应用能力。

五、制定合理的教学评价体系

高职公共英语教学所采用的基础英语结合专业英语的教学模式，教学评价不能够只按照英语成绩进行，还需要结合学生的实际语言应用能力以及岗位适应能力。所以，此模式不应该延续传统的以成绩作为评价基础的方式，在注重听说读写译等能力的测试上，还应当关注学生的英语应用能力，保证学生在具备这些能力的同时还懂得如何运用；应当采用多样化的教学评价模式，对学生的英语能力进行全方位的考核。

（一）结合英语基础知识进行评价

通过相关调查可以看出，当前大多数高职公共英语评价都是结合考试成绩、课堂表现、出勤率以及作业完成情况来进行，基本上都只是考核知识，在学习技巧以及应用能力上的考核相当欠缺。上述评价方式固然都是缺一不可，但是在课堂中的表现也是极其重要的，应当通过学生的朗读、表演、比赛等方式对其进行评价。同时在上课前十分钟时，教师可以进行学生听力测试，通过播放英语内容，让学生根据自身听到的内容进行回答，把正确答案给出后让学生之间进行相互评价成绩，将此成绩加入到期末考核成绩当中。英语口语可以通过课堂朗读、课文背诵以及问题回答等多个方面进行考核。写作能力考核可通过学生上交的通知、便条、海报、周记等内容进行，结合上交的次数以及内容的实际情况给出合理分数。

（二）结合英语专业知识进行评价

专业英语方面的考核，就应当结合学生的专业英语听说读写译等方面的能力进行，当然要根据此专业对英语不同能力的要求情况进行，考核方式需灵活使用，并对学生专业英语以及未来行业要求的英语技能进行重点考核。教师可以根据学生的专业特点以及实际的就业岗位要求，还能够采用校企合作的形式对学生进行全面考核。在考核过程中，企业也应当加入到考核中。企业今后自身对该岗位的英语能力要求制定考试能力，将英语应用能力放在考核的重点位置，考核学生在该岗位上的实践能力。采用校企联合的方式可以对学生的英语实践能力考核更加全面，对于学生的岗前英语能力提升有极大帮助。

（三）基础英语与专业英语两方面的知识融合评价

基础英语和专业英语相结合要求评价方式多元化，不仅要注重英语语言技能的应用性，还要注重用英语解决专业相关问题的能力。

第三节　公共英语“基础+专业”教学模式的优势

高职院校开展公共英语教学课程最主要的目标在于为学生今后的工作岗位英语能力要求做准备，非英语专业的学生在实际工作岗位上也应当具备一定的英语能力，在具备英语基础知识的基础之上，还需要懂得如何将能力应用到专业领域中。由此可以看出，在高职公共英语教学当中所安排的基础英语课程实际上就是为了专业英语知识的学习做准备。基础与专业融合教学的模式，不仅仅属于一门课程，更是一个完善的教学模式，是将语言知识与应用能力结合的有效方式。基础与专业融合的形式实际上与高职院校所指定的公共英语教学目标是相符合的，作为公共英语教学模式是绝对可行的。下文中主要对此模式进行详细分析，对其在教学中的可行性进行论证。

一、具有明确的教学目标

实际上，所有的教学模式的最终目的都是为了实现教学目标。教学目标是否能够完成以及完成情况如何，实际上都是在表明教学模式的可行性如何。

（一）结合专业英语教学实际需求来确定教学目标

高职公共英语教学目标的确定，应当结合教师与学生的实际需求，判断教学是否能够为学生今后的工作奠定基础，实际上就是与企业对人才的要求是否相符，毕竟每一个工作岗位的英语能力要求都有所差异。

（二）提升教学目标的适用性

高职教育所教育的对象基本上都是在一线技术操作层面上的人才，总的来说，就是技术性、实用性的人才。高职教学课堂中对培养对象的职业能力、学习态度、知识体系等规格都进行了明确要求，并且每门课的教学都必须符合其就业方向。所以，高职公共英语课程也必须如此，这些特点缺一不可，应当结合岗位实际需求制定教学目标，将基础英语知识与专业英语知识完美衔接，巩固学生的基础英语知识，为学生的专业英语知识学习与应用奠定基础。从专业英语要求中可以看到，符合企业要求就是最佳的教学目标，就是英语知识能够切实为今后的工作岗位所用。

二、高职教师应当具备基础英语与专业英语教学能力

公共英语教学中所采取的基础与专业联合的模式，必然对高职英语教学的要求较高，不仅需要具备扎实的英语基础能力，还应当有英语专业能力，能够将两方面的英语内容都教好。高职院校可利用校内资源对教师进行培训，还可利用校外资源对教师进行专业培训，对已有英语基础能力的教师进行专业能力提升培训。

从英语教材中展现高职英语教学特色。基础与专业融合的英语教学模式，所选取的教材必然也是经过严格筛选的，应当结合当前高职院校学生的实际英语能力，在此基础上融入专业英语教学，使公共英语教学变得更加完善。同时，还可使学生在学习新知识的同时对原有的知识进行巩固加深，实现两种知识的交叉学习，避免单一知识的枯燥性，还可以切实提升学生的从业能力。

第十章　研究性学习在高职院校公共英语教学中的实践探索

第一节　研究性学习在高职院校公共英语实践的必要性和可行性

一、开展研究性学习对于高职公共英语教学来说非常必要

高职院校的培养对象基本上都是实用性的专业人才，以人才应用能力培养为主。但目前，还存在很多高职院校采用的培养方式依然是传统的灌输性方式，教师在课堂上传递教学内容，学生被动地接受。尤其是高职英语教学，基本上都是教师在课堂上讲解内容，布置学生背单词的任务，学生在课后去背单词，完全缺乏对知识的探索精神。很显然，旧的公共英语教学形式与当前的人才培养方向已经不相符合。研究性学习属于一种特别的教学方式，其具有开放性、实践性等特点，可以极好地弥补传统方式的不足。在公共英语教学中引入研究性学习是当前英语教学必须做的事情，也是与社会发展脚步相符的必要做法。当前的高职公共英语教学内容体现了研究性学习的必要性。公共英语学习不仅是学生掌握英语知识的过程，还是陶冶情操、开拓个人思维、提升个人素养的过程。

英语所涉及的知识相当广，与古今中外的社会经济文化都有极大联系，语言与文化当中的关系极其复杂，在英语学习过程中还包含文化探索内容，所以学生应当具备自主探索的能力。另外，英语具有很强的社会性，在公共英语教

学中开展研究性学习，不受时间和空间的限制，能使英语学科更贴近现实生活。在教师的指导下，学生能够对研究对象的描述内容进行研究分析，探索其中的奥秘，从而挖掘更多的潜在知识，丰富个人的知识体系。公共英语的教学改革需要研究性学习。新形势下的公共英语教学模式，是应当结合学生的实际情况制定合理的教学材料，还需要引导学生去自主选择学习材料，弥补传统单一型教学的不足之处。要促成学生的自主学习和自觉学习，就要在公共英语教学中引入研究性学习，使学生能够在枯燥的语言学习中通过自主参与类似科学研究的学习活动，培养他们收集材料，分析和处理信息的能力，关注理论与社会生活和专业实践相联系，通过实践来提升语言应用能力。在公共英语教学中融入研究性学习，是结合当前的社会环境需求而定的。

结合语言的实际特点，公共英语教学始终强调教学时真实合作的学习环境。目前有很多高职院校都是中职院校转型而来的，其中有很多不完善的地方，不仅基础设施设备还有所欠缺，师资力量也是相对薄弱的。如果仅采用 45 分钟的课堂英语学习，课后根据教师布置的作业去学习，那英语学习效果自然不理想，无法达到公共英语的教学目标。开放性研究教学的一大优点就是营造一个广阔的学习环境给学生，让学生能够结合自身的实际学习需求自由学习，向自主化学习方向发展。

二、开展研究性学习方式对于公共英语教学来说是可行的

以人为本是研究性学习的主要特点，主要是以学生为主体，以引导学生自主学习为主要目的激发学生的知识探索欲望，主动去学习，积极创新，努力实践，当前已经在部分高职院校中开展该教学活动，也取得了不错的效果。

研究性学习活动主要对象是高职学生，高职学生是在学习 6 年英语知识的基础上，对于他们来说都具备一定的英语能力，再加上此年龄阶段的学生都已经具有批判性思维，知识掌握能力也相对较强，对于事物的选择以及处理都有自己的看法。同时，结合研究性学习的自身特点来看，所学习的内容必须是可构成问题的，英语课程具有语言教学特性，自然少不了问题，其中的语言性、思想性等特点都具有一定的研究性质。

英语学科中所包含的教学内容非常多，与古今中外的经济、文化、历史等内容都有相关性。将研究性学习方式融入英语教学中，可以将英语作为载体对人类社会进步相关的有价值的事物进行分析，采用自主探讨方式，自己去感受教学内容，善于思考、敢于质疑、勇于创新，这些品质对学生的学习能力与成绩提升都有极大的效用，可以促进学生的全面发展。

以公共英语教学实际需求来看，其教学主要目标是提升学生的综合能力，促进学生自主学习与探究。尤其是当前一直提倡的新教学理念，将学生放在教学的主体位置，将传统的以教学为核心的教学方式转移到以学生为中心的教学方式中，不再是单一的授课形式，在授课过程中还引导学生如何去提升个人语言应用能力，渐渐地促进教学模式的多样化发展。与研究性学习所强调的以学生为主的理念基本上保持一致。

第二节　研究性学习在高职院校公共英语教学中的具体实践

一、实施目标及意义

可以说高职院校公共英语教学涉及的内容相当广，古今中外的社会、经济、文化等多方面内容都与之相关，各个专业都有所涉及。在研究性学习的具体实施过程中，学生可将英语作为载体对其与人类社会进步相关的具有价值性的内容进行调查分析。由于公共英语教学具有极强的特殊性，所以在实际的教学开展过程中采用研究性学习方式具有重大意义。在公共英语教学中，采用研究性学习方式的具体实施目标为：

（1）改变传统的灌输性学习方式，营造积极学习的氛围，提升学生对英语学习的兴趣，敢于创新与探究。

（2）培养学生的学习自主性，引导学生通过多元化方式学习，改变传统单一的学习方式，逐渐拓宽学习方式，养成良好的学习习惯。

（3）提升学生的知识储备能力，培养学生与校园、职业、终身学习相关的能力，提升知识的综合应用能力。

（4）师生平等的教学理念，改善教学方式，构建良好的学习平台，改进考核模式等，来提升学生的英语应用能力，促进学生学习成绩有效提升。

（5）引导学生培养良好的道德观念，教导学生应当注重沟通合作。

二、实施原则

研究性学习方式在高职公共英语教学中实践应当注意以下几个问题：①遵循学习自主性原则。引导学生去如何使用外语学习方式，鼓励学生自主探究；与教师和平相处，共同学习，展现个人的自主选择权利；将学习策略在学习过程中的应用情况进行详细的步骤制定；引导学生如何明确学习目的，选择学习内容，完成学习目标，进行合理评价。②应当遵循发展技能原则。将语用的重要性进行重点强调；结合外语学习的规律制定有技巧性的学习步骤；保持作业与教师指导语之间的有效沟通，给学生充分的思考空间，为其进行详细的讲解。③遵循协同交流原则。包含知识体系相关内容的了解；在自主研究上的沟通互动；在学习内容的研究过程中应当遵循外语学习的逻辑性。

三、组织形式和实施步骤

结合研究性学习方式的基本理论，我们可以看出，当前的研究性学习模式主要包含小组合作、个人独立、全班讨论三种形式。其中最为常用的模式为小组讨论，正常情况下一组的成员为3～6人，聘请教师或者具有专业能力的人作为指导老师。个人独立的形式可通过开放性作业的方式，让教师先面向全体学生布置作业，提出专题内容，研究范围可以不明确，让学生自行确定题目，由学生独立进行研究，研究性作业大概经过几个月的时间完成。同时还能够用个人与全班同学讨论的形式，围绕相同的研究课题，独立搜集相关资料，展开探究活动，得出自己的观点，再以全班讨论的形式，共同分享研究成果，在初步研究成果探讨之后，让同学们可在此基础上进行深入研究，再进行探讨，或者大家各自完成自己的论文。

在正常情况下，研究性学习可通过问题情境、实践体验、表达交流三个阶段进行。在学习过程中，三个阶段都是相互联系的关系，并不是独立存在的。例如，在问题情境阶段，师生应当共同构建问题情境，通过讲座、组织参观的形式来开展，主要目的在于为背景知识做铺垫，将学生原有的知识体系内容调动起来，之后开始展开讨论。实践体验实际上就是进行问题分析，再进行问题深化，这是一个反复的过程，对问题的生成以及问题的解决方式进行探讨。在语言学的学习时间上，表达交流是属于实践阶段，可以在交流过程中学习到很多新内容，重新返回到问题情境阶段。

四、公共英语研究性学习实践的具体措施

研究性学习和高职公共英语教学之间的关系密不可分，根据研究性学习自身的特点和要求，笔者将参加问卷调查的 128 名学生组织成为实验组，在实验组的公共英语教学中试验研究性学习理念的引入对公共英语教学的影响，其具体实践措施如下：

（一）采用分层教学的模式，促使学生能够更好地进入英语学习状态

研究性学习方式融入高职公共英语教学中，实际上就是让学生自主探究，享受独立学习的过程。对科研工作人员的知识研究过程，研究成果进行独立研究，通常都是靠个人直觉进行想象，提出问题，然后通过实践去论证问题的真实性，发现规律的过程。每个人的脑细胞都是活跃的，当中存在隐形分子。如果学生能够自主地加入到实践活动中，积极发言，善于与他人交流，才可切实将个人思维能力展现出来。但是实际上，目前高职院校学生的英语成绩高低不平，有很大的差异，尤其是其中有一部分学生并不是通过高考进入学校的，是中职考试或者技考进入学校的，在其入学之前可能还未接触过英语，必然是没有英语基础的。如将统一的教学方式应用在所有人身上，必然无法使得每个学生都取得进步，对于学生个人的发展产生极大的负面效应。所以在公共英语教学的开展过程中，融入研究性教学方式，结合学生的真实情况，将教学目标分成两个层次。以基本要求和较高要求为两个基准。所谓的基本要求是针对每一

名学生的，每位学生都必须达到该层次，有较高要求的学生可根据自身的基础能力，选择具有较强针对性的知识技能选修课程。例如，通过开展阅读、翻译、写作等实用性较强的课程对于学生英语知识应用能力提升有极大帮助。阅读可让学生自行选择自己感兴趣的课外读物，通过网上下载自己喜欢的语言素材，不仅可以提升学生的学习兴趣，还可发挥学生的学习自主性，对于学习积极性的提升有极大的促进效用。在教学过程中，教师可以根据学生的实际情况，构建良好的知识背景，将学生原有的知识能力全面激发出来，创造有趣的问题情景，结合专业知识，引导学生积极参与，自主探究。同时，还可以采用多元化的方式进行讲课，如开设讲座或者提出具有辩论性质的课题，采用因材施教的形式，让所有学生在学习过程中都可以找准自己的位置，保证学习的有效性，切实提升个人英语基础能力，实现英语应用能力的全面提升。

（二）在上课的时候向学生提问，使学生养成主动思考的习惯

在实施教学活动的时候，必须要将学生放在核心位置，使学生养成自主学习和思考的习惯，这样才能提高学习的效率。所以，教师必须要对课堂教学活动进行一定的策划，使教学更加合理。笔者在对实验组学生实施公共英语教学的时候，采取了很多的措施和对策；同时也深刻地了解了“向学生提问”的教学方法的优势，这对于下一步工作的开展是非常有利的，而且也能够提高课堂的效率。学生大多数属于好奇心强，对知识具有渴求的，所以教师要设置一些合理的问题，引导学生进行思考和探索。在当代的教育心理学当中，学生的学习效果和学习态度、情绪有着非常大的关系。乌申斯基提出了这样的观点：若是学生没有半点学习的情绪和愿望，那么强制性的学习方式将会降低学习的效率。也因此，教师应该尽量采取合理的措施，来激发学生的学习兴趣，促使他们对于学习具有更强的主动性。同时，教师更要引导学生主动地进行思考，发现问题，对问题进行分析，然后解决问题。如果这个过程中没有问题存在，那么研究性学习便无法起到一定的作用。所以，在如今的教学理论里，将“问题解决”看成是非常重要的一个部分。也就是说，教师需要让学生利用自己已经拥有的知识，对一部分非单纯练习性的问题进行解决。在解决问题的过程中锻炼了学生，因为这其实是一种非常合理的研究性学习方法。在学习的过程中，

学生围绕着问题来进行，想出办法来解决问题，而教师则需要按照教学大纲，设计出一些合理、可靠的问题，这样学生才能朝着教师所指导的方向前进，从而养成自主思考、主动学习的习惯，这样的方式是非常合理的。例如，笔者的朋友一位高职教师在讲《全国高职高专专业英语规划教材实用英语口语》第二部分第十三单元“Banking”这篇文章的过程中，教师在课前先提出这样的问题，使学生课下进行思考和探索：第一个问题：what does the Word “Bank” remind you of？（“银行”这个词会使你产生怎样的联想？）这样的方式可以促使学生对之前所学过的和经济有关的词汇进行回忆，比如 banker，deposit，exchange 等，同时也在这个过程中加深了学生对单词的记忆。第二个问题：what is the basic use of a bank？（银行的基本作用有哪些？）这个问题的提出，会使学生和自己的实际生活进行紧密联系，除了增加了学生的知识以外，还使他们开阔了思维。为了回答教师的这个问题，学生会进行一些调查和思考，在学校里进行 presentation。第三个问题：Why do customers always have a brush with the banker？（顾客之所以经常和银行工作人员产生矛盾，是为什么？）将这些问题进行分类，让学生课下去搜集资料，调查和思考，最后写一篇报告，采取这样的形式帮助学生进行学习，提高学生的学习主动性，激发学生的学习兴趣，因此这是非常有利的。

（三）对教材进行改革，使其更加有利于学生的学习

教师如果合理地选择了课题，那么就能提高学生的学习效率。所以，必须合理设置和选择课题，根据不同的内容来实施不同的选择，引导学生进行多方位的思考。在这个过程中，教师必须先要吃透教材，挑选出教材里的核心内容，选择一部分和学生的实际生活有联系的内容，这些内容必须符合实际，难度也非常适宜。然后在这个基础上，引导学生对相关的课题进行一定的思考和研究。

在学生进行思考和研究的时候，教师也要交学生怎样去外面完成社会调查和资料搜集的工作。这个过程也能够培养学生的动手能力和实践能力。因为学生除了要用到外语知识以外，更要用到其他方面的知识。所以，采取这样的形式培养了学生的主动性，使他们能够自己思考问题，解决问题。

在教学过程中，教师需要实施的英语教学措施可以是多种多样的，这有利于学生的学习。可以选择的课题是多方面的，选择课题的过程中，教师要注重自身的教学形式、教学态度以及其他方面的内容，因为这些内容会对学生的学习效果、学习态度产生潜移默化的影响。选择课题的时候，不管是读写能力、阅读能力还是西方文化方面，都可以作为选择的内容。同时，合理地选择这些研究课题，能够使学生的学习更加有效率。不仅如此，教师也可以在上课的时候，联系学生的生活实际，让学生进行应用。例如，使学生采用一些平时生活中的英语词汇，对这些词汇进行分析和研究，这更加有利于学生的学习和实际应用，也使学生在学习中联系了实际。除了对英语学习本身进行研究外，教师还需要使学生根据在英语课堂中学习的内容进行研究，这些内容包括生活、文化、兴趣爱好，等等。例如，在教材《新视野大学英语》第一册第五单元中，讲述了关于艾滋病的一些内容。这些内容都可以作为研究的课题，组织学生们进行研究、讨论以及调查等，这能使学习的效率得到提高。

（四）为学生创设一个开放的学习空间，提高学生的学习兴趣

如今，随着学校计算机技术的不断普及，大学里的高职院校公共英语教学也开始充分地利用网络技术。先进的网络技术能够为学生们带来很多丰富的学习资源。同时，采用这样的方法，还能够避免专业方面的限制，学生对不同学科的知识进行获取，可以更好地了解该专业的发展动态、前景，等等。同时，这也对学生的学习提出了更高的要求，使学生能够更加主动地进行学习，并且制定详细的学习计划。从另外一个方面来说，也使得学生的视野被打开了，开阔了他们的眼界。不仅如此，也优化了学生的学习结构，促使学生能够拥有一个丰富的学习宝库。宝库当中，多种多样的资料促进了学生的学习，学生们更加主动的进行思考和探索，提高了学习的效率，培养了他们的思维能力、动手能力、实践能力、探索能力。所以，这也是非常有利的。

教师还要帮助学生采用一些科学合理的方法，方便灵活地对问题进行处理，同时也方便学生对问题进行利用，完成从实践到认识的一个学习过程。采用这样的措施，可以极大地提高学生的学习兴趣，推进他们更好的学习。在学习英语的时候，有很多的情境在表达方面具有一样的特性，可以被用在很多不同的

场合。按照情境间的相似性实施一定的推测，将不同的言语点进行合理的联系，使得语言和语言之间产生关联，引发学生联想到其他的词语。同时，这样也可以防止不同的知识点被混淆，同时也帮助学生更好的联系了不同的知识点，根据整体的实际状况，全面地分析每一个语言点之间的关联度，也促使不同的知识点形成一个大的整体。也就是说，教师必须促使学生利用发散的思维来进行学习，同时能够将思维“收回来”。不仅如此，这样的学习方法也提高了学生的实践能力，解决问题的能力。学生在探索问题的过程中，养成了独立思考的能力，也培养了团队的合作精神，这才是英语学习的最终目标。

（五）教师需要转变自身的观念，为学生创设好的学习情境

授人以鱼，不如授人以渔。这句话的意思是说，教师除了要交给学生现成的知识以外，更要促使学生学会自己获取知识，这是非常重要的。在学习的过程中，学习的方法远远重于学习结果。所以教师在教学的过程中，不能够仅仅依靠一支粉笔，或者一本教材就开始讲课。在研究性学习过程中教师不可能再安于凭一本教材、一支粉笔、一张嘴进行教学。

在上课之前，教师必须进行深切的研究，了解教学的内容，适当对课堂内容进行改革。在这样的情况下，按照当时的实际环境状况，选择一种科学合理的教学方法。所以，教师必须要转变自身陈旧的观念，将学生放在学习的核心位置，对学生的学习进行指导。在这个过程中，教师也要为学生创设一个良好的学习情境。同时，教师也必须要对学生充分尊重，留给学生一定的学习空间。此外，学生和教师之间的关系也必须平等，教师不能过分强调自身的地位，要尽量形成民主平等的人际氛围，这样才能促使学生更积极地进行学习。此外，英语课堂的研究必须是面向每一个阶层的学生，需要将学生分为小组，每一个小组都必须要对课题进行研究，将研究成果在班上进行展示。需要注意的是，班上每一位学生都必须参与到课堂中。例如，课堂上，教师要举出课文里一些特别的问题，让学生分组讨论，每一个组的人数不能超过 7 个。让学生分成小组对话题进行讨论，讨论时间不超过 15 分钟。而且教师也要对其进行指导，给予一些关键字眼，促使学生对问题发表自己的看法。结束以后，每一个小组都要对自己的讨论成果进行展示。在教师总结完毕后，还要使学生根据讨论的结

果，写一篇英语小文章。由于学生在课堂上进行了思考和探索，所以写文章的时候，会非常得心应手。同时，这也培养了学生的合作能力、读写能力。在学生进行学习的过程中，充分地参与了讨论和辩论的环节，主动地吸收了知识，教师也完成了角色的转变，从讲解者变成了指导者以及启发者、观看者，这对于学生学习而言，非常有利。这种交流是活生生地语言运用过程，是学生在没有现成答案的状况下，开动脑筋，充分探索，想出合理的措施对问题进行解决。所以，英语教学也发挥了一定的作用，学生的学习不再是一成不变的，而是动态的，多样化的。

（六）对学生的考评系统进行改进，使其更加完善

采用这样的教学形式，可以打破过去的单一性、被动型的课堂系统，采取多方面、多角度的教学方式，鼓励学生对问题进行探索和研究，使学生自己去解决问题。如今，全国高职院校公共英语学习的考核方式与本科生英语的考核方式区别不大，以考试的形式为主，选择题型等客观题占的比重较大，这体现不了高职学生学习的特点，也不符合研究性学习的需要。为此，我们在实验过程中，为改变公共英语教学以考试为中心的应试教学模式而制订了以提高学习应用能力、创新能力和研究能力为中心的考核方式，使之有利于研究性学习的实施。比如，我们相应地增加了口语考试、增加试卷中主观题的比重、甚至为实验组的学生建立平时学习档案等,努力做到形成性评价和终结性评价相结合。实践表明，多元化研究性学习的结果评价，破除简单以考试成绩来评价教学的评价标准，代之以基础知识掌握水准、创新思维能力的评价，能有效地激励学生创新能力和综合素质的全面提高。我们在评价时还注意让学生将自己研究出来的结果和教材的标准进行比较，也可以是学生学习小组之间进行互相比较，然后得出最好的解决问题的方案。或是让学生对自己所做的研究进行分析总结，自己提出改进方案，通过这样的自我评价，学生可以检测自己对英语语言知识和语言技巧的掌握程度，以确定不同阶段的学习目标。另外，我们在改革考核办法的时候，也要采取科学合理的管理制度，使学生和教师参与到学习管理中去。这样的方法，除了能够在一定程度上满足学生和教师的需要以外，更激发了学生的学习兴趣。不仅如此，还能够在一定程度上改进教学管理制度，使教学制度更好地为教学任务服务。

第三节　研究性学习应用于高职院校公共英语教学效果分析

研究性学习在高职公共英语教学中的应用指的是在课堂上，教师对学生进行良好的引导，使学生能够主动地对问题进行思考，并且采取合理的措施去解决问题。在这个过程中，学生不但获得了新知识，而且还具备了应用知识的能力，这对于提高学生英语能力，培养他们各个方面的素质，都是非常有利的。在高职院校的公共英语课程里，不管是结构还是内容，都存在着可研究性。英语语言教学的听说读写四个环节通过研究性学习的方法更能够激发，并能调动学生对英语学习的积极性和主动性。通过对实验组前后对比，可以看出，采用研究性学习的方法，教学课堂的效率非常高。

一、转变了传统的教学方式，激发了学生的英语学习兴趣

在撰写《超级教学》的作家埃立克•詹森看来，对学生的学习产生影响的只有两个原因：一是状态；二是策略。所谓的状态，指的是学生在学习的过程中，产生的精神状态。学生只有拥有了积极的状态，才能更好地发挥出自己的潜能。采取合理的学习策略，可以提高学生的学习兴趣和积极性，引导学生更好地发展。通过研究性学习，使学生获得亲身参与活动的体验，激发学生的学习兴趣。

在公共英语教学引入研究性学习后，英语学习由传统的“学生主体、教师主导”变为“学生主体、学生主导、教师指导”的学习模式，教师起到了激发、保持学习者的学习兴趣、创造和提供学习资源和交际的环境、帮助学习者掌握和运用学习策略的作用。在英语研究性学习的过程中，教师起帮助和引导的良好作用，并不是过去的主宰地位。通过教师的引导，学生更好地对资料进行搜集，利用这些资料，凭借自身拥有的知识和经验，对知识进行应用。我们在对实验组的试验中，通过采取课堂上进行“问题教学”、课后“任务作业”、分组研究讨论、课外实践教学、英语兴趣活动等灵活多样的教学方式，实现了教

学中心从教师的“教”到学生的“学”的转换，培养了学生的创造性思维和实践能力。在学习过程中，学生通过自主探究、实践、归纳，既获得了知识，又锻炼了能力，学习的自主性、主动性、探索性得到增强。在学生的学习中，体会到语言实践能够提高自身的英语能力。所以英语学习也不再仅仅只是学习理论知识，而是对知识进行良好地应用，使英语教学发挥出一定的作用。笔者针对实施了该教学方式的学生进行调查，通过调查后发现学生对英语学习态度的转变。在实验前，认为英语课程可有可无的学生占到才参加实验人数的28%，实验后，学生普遍觉得英语课程是非常重要的，并表示公共英语课程进行研究性学习是非常必要的，使他们改变了对英语学习毫无兴趣的学习态度，能够积极地参与到英语学习中来。

二、新的学习方式给学生带来广阔的学习空间，转变了学生的学习方法

采用该教学方式的时候，必须注重学生和教师之间的交流、沟通以及合作，培养学生对问题进行思考，以及解决问题的能力。在这个过程中，教师在教学中的地位已经由主导者变为指导者。通过开展研究性学习，教师与学生之间逐渐发展成平等的合作关系，而研究性学习提倡的合作的学习方式使学生们在良好的合作氛围中进行学习，掌握知识。这样平等协作的合作学习方式，使学生从课堂学习中获取知识的模式延伸到生活中，在日常与教师和其他同学的探讨中也能够研究问题，解决问题，最终达到学生在生活中学习的目的。同时，公共英语中的研究性学习既突出学生的主体地位，又要促进学生和学生之间的合作，同时也要使每一个阶层的学生都能够提高自身的能力，最后学生在这样开阔的学习空间中逐渐总结出适合自己的学习方法。

该教学方式提倡学生将自己的生活与学习进行紧密相连，拓宽学生的思维能力，使学生的视野更加宽广。不仅如此，在进行研究性学习的过程中，学生利用已有经验和知识去积极内化、建构新的知识，获得高效的学习方法，养成良好的学习习惯。例如，在实验组的公共英语课教学中，教师结合教材内容，拟订不同的课题让学生完成。为完成课题，学生要参考各种不同的资料，内容

更加丰富多样，关系不同的行业和领域，同时也涉及不同地区的文化背景、地理知识以及生活习惯、风土人情、历史知识，等等。

学生还需要借助更多的途径，来搜集一些和课堂相关的资料，并在课题组内部和各组之间进行互相交流，这样能大大拓宽学生的知识面，丰富学生的词汇量。通过试验后我们发现，参加实验的学生在课堂思维上都较为开阔：因为在发现问题的时候，这些学生都会采取合理的措施对问题进行解决，充分思考，而教师则起着引导的作用。在讲解课文内容的过程中，教师会促使学生对一些背景知识进行深刻的了解，开阔学生的视野。不仅如此，笔者通过对相关资料进行查阅后发现了这样的现象：教师使用该种教学方式，使学生到图书馆查阅资料的数量有所提高。比过去笔者进行的调查（大多数学生在面对英语学习时态度消极），使用该教学方式，所教出来的学生的学习态度更加积极，学习的效率也更高。在进行调查和访谈的时候，很多学生也表现出对该种教学形式的兴趣，他们充满了好奇的感觉。在他们看来，过去的教学形式过于单一和枯燥，已经不能再吸引学生。所以这种新的教学方法，给学生的学习带来了更大的动力。

三、学生英语学习成绩普遍提高，能力得到锻炼

教师还要充分地对学生进行评价。评价的时候，教师必须要注重过程，不能只看结果。同时，评价的形式也必须是多元化的。过去的教学形式里，教师看重的只有学生的考试成绩。但是采用了这样的形式，使教师将重点放在激发学生的潜能方面，重点关注学生有没有得到一定的发展。同时，也分析学生有没有对学习到的知识进行良好的应用，这样的评价体系才是合理的。

对实验组的学习状况进行分析，能够分析出学生不仅提高了学习成绩，而且还锻炼了各个方面的能力。所以这样的形式能促进学生的全面发展。在公共英语教学课堂上，充分地引入研究性学习形式，培养学生的实践能力和思维能力，取得了一定的成效。学习中，实验组的人数为127人，采用这种方式进行教学以前，学生们上次期末考试的平均成绩是67.2分，及格率是62.19%，优秀率为7.9%。但是，采用了这样的学习形式以后，学生的成绩得到了提高，这

一学期的期末平均成绩达到了 71.4 分，及格率为 79.21%，优秀率为 13.1%。因此，和上一学期的学习成绩相比，有着明显的提高。

分析上面的考试成绩数据，在公共英语教学里采用合理的教学形式，可以充分地提高学生的学习能力。而且在调查中，发现学生也开始对学习充满自信心，有了更大的积极性。实施评价的时候，必须将重点放在学生的学习过程方面，合理、公平地进行评价，这样才能使教学方式起到更好的效果。例如，研究环境污染这个课题以后，学生们需要从不同的方面来对学习进行评价。第一个方面是上课以前，在搜集资料的时候，有没有充分地利用教材和其他资料，有没有借助其他的渠道和方式。以及在遇到难题的过程中，有没有向教师或者其他人寻求帮助。这个部分所考查的，是关于学生的合作能力、思考能力以及解决问题能力，同时也关系到学生将来的学习。第二个方面，考查学生分析课题的时候，有没有凭借自身的知识以及经验来解决问题，这一点非常重要，因为这关系到学生对知识的实际应用能力。第三方面，分析学生在和其他同学、教师进行合作、学习的过程中，有没有合理地进行交流，或者从中获得良好的信息，自由的进行发挥。这一点所考察的，是学生的合作能力。只有拥有了团队合作精神，才有利于以后的学习。

完成了这一阶段的教学任务以后，必须对教学期间学生们讨论和撰写的小文章进行点评和分析。进行总结的时候，很多学生都热切地参与到其中，而且积极地完成小文章的撰写。不仅如此，点评的时候还发现，很多学生撰写的文章都非常好，不但理论正确，而且思维也非常发散。所以，从中可以看出，通过该种教学形式，促使学生更加主动地参与到学习中去，而且培养了学生各个方面的能力，使他们能够更好地进行学习。

综上所述，研究性的教学形式，在具体的教学任务中，起到了一定的效果和作用。把以前枯燥的语言学习的小课堂变大、变活、变新，把语言学习、研究和社会实践有机地结合在一起，这样的方式不单单可以让学生从内心认同学科，激发起自主学习的欲望，还能够开拓学生的眼界，有助于他们在公共英语的学习过程中更容易地掌握基本的科学方法，从根本上改变了学生对英语的学习观念和学习方式；并且，使他们将英语真正作为一门基础性学科，能够独立地解决在专业课程中遇到的困难，提高了学习效率，并最终实现成绩的提升。

因此，将研究性学习和公共英语教学相结合，能够改善效率低下、教学成果不理想的现状。但是，笔者在真正地进行教学实践时发现，其实操作起来还是面临一定的现实问题的。首先，许多人对于研究性学习和实践存在着一定的偏见，或者说是误解，这就使得在实际操作时可能会面临一定的人为阻力。具体来看，有一部分人认为，研究性学习就是带有科技型和目的性，需要有研究成果，甚至认为它就是一种科技活动；然后，有的人认为学习的目标就是为了应对考试，如果参加研究性学习，势必会影响学生的考试成绩。由于高职学生自身的基础比较薄弱，在英语学习时比较习惯于唯书、唯师、唯上，容易形成思维定式。他们在英语学习的过程中习惯于灌输式、记录式、定论式教学方法，对自主性强的研究性学习感到无所适从；最后，来自教师方面的困难。研究性学习对教师的要求非常高，不但要求教师自身要有较高的科学研究能力，而且还要善于指导学生进行研究，而大多数高职院校的教师重结论性教学，习惯于对学生统一要求，不善于个体指导，还不能完全适应研究性学习的实施要求。除了以上提到的三点以外，研究性学习还面临着其他一些困难，如教学资源问题等。因此，研究性学习在高职院校公共英语教学中的实践还需要我们进一步的探索。

参考资料

[1]Bailey，Kathleen M. The use of diary studies in teacher education programs[A]. In Jack C. Richards and David Nunan (eds.)，Second language teacher education[C].New York: Cambridge University Press， 1990: 215-226.

[2]Bogdan，R.C.，& Biklen， S.K.Qualitative research for education: An introduction to theory and methods[M]. Boston: Allyn & Bacon，1982.

[3]Casey，K.The new narrative research in education[A].Review of Research in Education[C].1995-1996，21:211-253.

[4]Clandinin，D.J.& Connelly，F.M.Narrative inquiry: Experience and story in qualitative research [M].San Francisco: Jossey Bass Publisher，2000.

[5]Connelly.F.M. ， & Clandinin ， D.J.Stories of Experience and Narrative Inquiry. Educational Researcher，1990，19(5).

[6]Dewey J. How We Think[M].New York: D.C. Heath and Company，1933.

[7]Donald A. Schon. (1984). The reflective practitioner: how professionals think in act..Stanford: Basic Books.

[8]Freeman D.Observing Teachers : Three Approaches to in-service Training and Development[J].TESOL Quarterly，1982，6(1).

[9]Fuller ，F.F.Concerns of teachers:A developmental conceptualization[J].American Educational Research Journal. 1969，6:207.

[10]Ho，Belinda， and Jack C. Richards. Reflective thinking through teacher journal writing: Myths and realities[J].Prospect，A Journal of

Australian TESOL，1993，8 (3):7-24.

[11]MacLure ， M.(1993).Arguing for your self:Identity as an organizing principle in teachers’ jobs and lives[M].British Educational Research Journal，19(4)，311-322.

[12]Merriam，S.B.Qualitative Research and Case StudyApplications in Education[M].San Fran-cisco: Jossey-Bass Publishers，1998.

[13]Richards，J.C.，& Lockhart，C. Reflective Teaching in Second Language Classrooms[M].Cambridge:Cambridge Univer- sity Press，1994.

[14]Wallace M.(1991). Training Foreign Language Teachers: A Reflective Approach [M]. Cambridge: Cambridge University Press.

[15]Yu-Chu Yeh，2002.Nurturing reflective teaching during critical -thinking instruction in a computer simulation program. Institute of Teacher Education，National Chengchi University，64，Chih-nan Rd.，Sec.2，Wenshan，Taipei 116，Taiwan.

[16]Richards，J.& T. Farrell.2005. Professional Development for Language Teachers:Strategies for Teacher Learning.London: Cambridge University Press.

[17]Richards，J C & Lockhart.Reflective Teaching inSecond Language Classroom[M].Cambridge: CUP，2000.

[18]Rod Ellis.第二语言习得概论[M].上海：上海外语教育出版社，1994.

[19]Van Lier，L.Case study[A].In E. Hinkel(Ed.)，Handbook of research in secondlanguage learning)[C].Mahwah，NJ:Lawrence Erlbaum，2005，195-208.

[20]Wajnryb.R Classroom Observation Tasks M 1.Cambridge: 1992.

[21]Wallace，M.J.李静纯导读.Action Research for Language Teachers [M].北京：人民教育出版社，2000.

[22]Wallace，M.Training Foreign Language Teachers: Areflective approach[M].Cambridge University，1991.

[23]埃里克.詹森.超级教学[M].北京：中国轻工业出版社，2010.

[24]奥尔特加.加塞特.大学的使命[M].杭州：浙江教育出版社，2001.

[25]布鲁斯.乔伊斯.教学模式（第八版）[M].北京：中国人民大学出版社，2014.

[26]茨韦塔.托多罗夫.巴赫金、对话理论及其他[M].天津：百花文艺出版社，2001.

[27]陈家颐.高等职业教育公共基础课程改革与探索[M].南京：南京大学出版社，2006.

[28]陈陆健.大学英语教师行动研究现状分析[J].广西民族大学学报，2012，（1）.

[29]曹娟.在反思中成长的高职青年英语教师：一项叙事研究[J].职业技术教育：2016，3.

[30]陈琦，刘儒德.当代教育心理学[M].北京：北京师范大学出版社(第二版)，2007：91.

[31]陈向明.什么是质性研究[J].教育研究与实践，1999，（2）.

[32]陈娟，李媛."以学评教"的课程教学质量评价模型建设与实证研究[J].中国成人教育，2019，1.

[33]程文华.教学日志在教师学习中的中介作用研究[J].山东外语教学.2010，（4）（总第137期）.

[34]戴友江.基于元认知的中学数学学习策略的研究[D].扬州：扬州大学，2005.

[35]董金伟，2007.外语教师专业发展的有益方略—《语言教师专业发展：教师学习策略》介绍[J].外语教学与研究，39（2）.

[36]冯克城.实用课堂教学模式与方法改革全书[M].北京：中央编译出版社，1994.

[37]冯卫东.今天怎样做教科研：写给中小学教师[M].北京：教育科学出版社，2011.

[38]傅勇林.创新大学英语预备级综合教程.上海：华东师范大学出版社，2008，（8）.

[39]傅建明.校本课程开发中的教师与校长[M].广州：广东教育出版社，

2003.

[40]高翔，王蔷.反思性教学[J]：促进外语教师自身发展的有效途径[J].外语教学，2003，（2），87-90.

[41]高越,张明,尹立鑫.论大学英语教师的专业化自主发展[J].教育探索，2009，（3）.

[42]甘正东.反思性教学:外语教师自身发展的有效途径[J].外语界,2000,（4）：12-16.

[43]郝志军.探究教学模式研究丛书[M].济南：山东教育出版社，2007.

[44]何克抗.建构主义的教学模式、教学方法与教学设计[J].北京：北京师范大学学报（社会科学版），1997.

[45]（美）华莱·马丁.当代叙事学[M].任晓民译.北京：北京大学出版社，1990.

[46]怀特海.教育的目的[M].庄莲平，王立中（译）.上海：文汇出版社，2012.

[47]黄秋明,肖珍教.当前高职院校教育教学质量现状调查[J].中国高教研究，2005，（10）.

[48]黄燕.中国教师缺什么[M].杭州：浙江大学出版社，2005.

[49]贾爱武.外语教师的专业地位及其专业发展内涵[J].外语与外语教学，2005，（4）.

[50]姜平.谈谈英语教学备课的重要性.才智[J].2019，（2）.

[51]教育部高等教育司.高职高专教育英语课程教学基本要求[M].北京:高等教育出版社，2006.

[52]李生京.中国高等职业教育发展路径分析[M].北京:人民出版社,2015,6.

[53]梁茵茵.高职院校公共英语研究性学习实践探索[D].重庆：西南大学，2008.

[54]柳海民.教育学概论[M].北京：北京师范大学出版社，2015.

[55]刘熠.叙事视角下的大学公共英语教师职业认同建构研究[M].北京:外语教学与研究出版社，2011.

[56]刘海珍.行动研究是教师专业发展的重要举措[J].教育与职业，2007，（9）.

[57]刘学惠.外语教师教育研究综述[J].外语教学与研究，2005，37（3）.

[58]马海涛.美国教学档案袋评价述评[J].比较教育研究，2004，（1）.

[59]孟春国，刘学惠.反思的力量[J].全球教育展望.2007，（7）.

[60]宁丽萍.高职院校公共英语课堂教学模式的研究[D].杨凌：西北农林科技大学，2008.

[61]唐纳德·A.舍恩.反映的实践者——专业工作者如何在行动中思考[M].夏林清，译.北京：教育科学出版社，2007：39.

[62]孙炬.高校外语教师专业化发展的路径——以自己为资源[J].山东外语教学，2009，（4）.

[63]宋黎萍.提升高职英语课堂中师生有效互动的策略研究[C].教师教育论坛（第七辑），2019，（7）.

[64]《实用英语》教材编写组.《实用英语综合教程3》第四版[M].北京：高等教育出版社，2010.

[65]王永梅，通过同事互助听课制促进英语教师的职业发展[J].国外外语教学(FLTA)，2004，（02）：51-54.

[66]王蔷.英语教师行动研究[M].北京外语教学与研究出版社，2002.

[67]韦钰.学会生存——教育世界的今天和明天:联合国教科文组织教育丛书[M].北京：教育科学出版社，2000.

[68]文秋芳，任庆梅.大学英语教师专业发展研究的趋势、特点、问题与对策——对我国1999—2009年期刊文献的分析[J].中国外语，2010，（4）.

[69]吴也显.教学模式的研究方法[J].教育研究，1992，（1）：49-52.

[70]吴一安.外语教师研究：成果与启示[J].外语教学理论与实践，2008，（3）.

[71]《新编实用英语》教材编写组.新编实用英语综合教程2[M].北京：高等教育出版社，2011.

[72]雄川武.反思性教学[M].上海：华东大学出版社，1999.

[73]徐继存等.课程与教学论[M].济南：山东人民出版社（第一版），2010：

291.

[74]徐冰鸥.叙事研究方法述要[J].教育理论与实践.2005，（8）.

[75]徐红霞.课堂纪律管理在教学中的重要性探究[J].名师在线，2019，（5）.

[76]尤·克·巴班斯基.教育过程最优化——一般教学论方面[M].北京：人民教育出版社，2007.

[77]查有梁.课堂模式论[M].桂林：广西师范大学出版社，2001.

[78]余丽.探究“互联网+”时代高职英语教学的挑战与机遇[J].才智，2019，8.

[79]张希希.教育叙事研究是什么[J].教育研究.2006，（2）.

[80]张聪.基于“基础+专业”的高职公共英语教学模式构建[D].秦皇岛：河北科技师范学院，2014.

[81]张大均.教育心理学[M].北京：人民教育出版社，2015.

[82]张雁玲.2007.校本教研是大学英语教师专业发展的有效途径.外语界，第4期.